꼴찌도 반장이 되는 **16**가지 리더십 수업

말썽꾸러기 탈출학교

꼴찌도 반장이 되는
16가지 리더십 수업

말썽꾸러기 탈출학교

초판 1쇄 인쇄 2009년 6월 15일
초판 2쇄 발행 2011년 8월 5일

글 김태광
그림 김창희
만화 도대체

펴낸이 김선식
PD 채정은
4분사 임형진, 김정미, 채정은, 김희정, 박혜연
마케팅본부 모계영, 이주화, 김하늘, 정태준, 신문수
콘텐츠저작권팀 이정순, 김미영
커뮤니케이션팀 서선행, 박혜원, 김선준, 전아름
디자인본부 최부돈, 황정민, 박효영, 김태수, 손은숙, 이명애
경영지원팀 김성자, 김미현, 정연주, 서여주, 권송이
외부스태프 캠프커뮤니케이션즈

펴낸곳 (주)다산북스
주소 서울시 마포구 서교동 395-27
전화 02-702-1724(기획편집) 02-703-1723(마케팅) 02-704-1724(경영지원)
팩스 02-703-2219
이메일 dasanbooks@hanmail.net
홈페이지 www.dasanbooks.com
출판사 등록일 2005년 12월 23일 제313-2005-00277호

필름 출력 스크린
종이 월드페이퍼(주)
인쇄·제본 (주)현문

ISBN 978-89-6370-028-1 73810

- 책값은 표지 뒤쪽에 있습니다.
- 파본은 본사나 구입하신 서점에서 교환해 드립니다.
- 이 책은 저작권법에 의하여 보호를 받는 저작물이므로 무단 전재와 복제를 금합니다.

꼴찌도 반장이 되는 **16가지 리더십 수업**

말썽꾸러기 탈출학교

글 김태광 | 그림 김창희 | 만화 도대체

다선
어린이

작가의 말

말썽꾸러기도 꼴찌도
리더가 될 수 있어요

"리더십? 그건 반장 선거할 때나 필요한 것 아닌가요?"
"우리 아이는 말주변이 없어서……."

리더나 리더십이라는 말을 꺼내면 부모들은 이렇게 정색을 합니다. 흔히 뛰어난 통솔력이나 지도력으로 다른 사람을 이끄는 힘을 리더십이라고 생각하기 때문입니다.

맨 앞에 서서 '나를 따르라'고 외치는 통솔력 있는 사람.
똑똑하고 공부도 잘하고 외모도 멋지면서 남을 휘어잡는 카리스마 넘치는 사람.

리더라고 하면 제일 먼저 이런 사람을 떠올립니다. 그러나 리더십은 단지 몇몇 뛰어난 사람들에게 해당되는 이야기만은 아니랍니다. 나보다 뛰어나고 가진 것이 많다는 이유로 무조건 존경하고 따르는 것은 아니니까요. 오히려 가진 만큼 베풀고 상대방을 배려할 줄 아는 따뜻한 마음을 가진 사람이야말로 진정한 리더일 수 있습니다.

이 책에는 리더의 모습과는 거리가 먼 아이들이 등장합니다. 이들의 모습은 한편으로 여러분의 모습이기도 합니다. 주위에서 흔히 만날 수 있는 평범한 아이들이 스스로 자신의 문제에서 탈출하는 이야기를 들려줍니다. 용돈을 삼일 만에

  다 써버린 찬호, 게임기를 사 달라고 조르는 하우, 책과 담쌓은 벼리, 남들 앞에만 서면 홍당무가 되는 가연이, 지각과 숙제 빼먹기를 밥 먹듯이 하는 민호, 시작도 하기 전에 포기하는 민우……. 크고 작은 문제가 있지만 스스로 노력하여 문제에서 탈출하는 주인공들 모두 사랑스러운 말썽꾸러기랍니다.
  이 책의 주인공들처럼 누구나 리더가 될 수 있답니다. 말썽꾸러기도 꼴찌도 얼마든지 리더가 될 수 있어요. 중요한 것은 꾸준히 자기 자신을 계발해 나가는 것이지요.
  여러분은 모두 리더가 될 수 있어요. 자신의 인생을 가꾸고 이끌어 나가야 하는 아주 특별한 사명을 가지고 있으니까요. 리더십은 특별한 사람만 가지는 능력이 아니라 누구나 지니고 있는 잠재력이지요. 여러분의 마음속을 들여다보면 이미 리더십이 자리하고 있음을 알 수 있을 거예요.
  무슨 일이든 스스로 우러나서 하도록 노력해 보세요. 활기차고 즐겁게 생활한다면 친구들과 사이좋게 지내는 것도 어렵지 않을 거예요. 그런 여러분의 모습이 진정한 리더랍니다.
  이 책이 여러분에게 도움을 주어 미래의 멋진 리더가 되기를 기원합니다.

2009년 6월 김태광

차례

말썽꾸러기 탈출 작전 하나, 나의 문제 파악하기

- 용돈으로 부자 되기 | 충동구매 탈출하기 —— 12
- 게임기가 필요해 | 게임 대장 탈출하기 —— 22
- 책은 배움의 바다 | 꼴찌 탈출하기 —— 32
- 나를 빛나게 하는 마법의 주문 | 소심쟁이 탈출하기 —— 42

"난 꿈을 선택할 거야" 축구 선수 펠레 —— 30
"나의 꿈은 현재 진행형" 정치가 힐러리 클린턴 —— 52

말썽꾸러기 탈출 작전 둘, 지금 당장 시작하기

- 꼬마 요리사 되기 | 변덕쟁이 탈출하기 —— 58
- 아빠의 우표를 찾아서 | 산만증 탈출하기 —— 68
- 시간 도둑을 잡아라 | 지각 습관 탈출하기 —— 76
- 다이어트 대작전 | 비만 탈출하기 —— 88

"15살에 세운 인생 목표" 탐험가 존 고다드 —— 66
"삶의 우선 순위를 정하라!" 경영 전문가 아이비 리 —— 86

말썽꾸러기 탈출 작전 셋, 차이를 인정하기

- 이거 비밀인데 | 고민 탈출하기 —— 102
- 나도 할 수 있어 | 겁쟁이 탈출하기 —— 112
- 실수해도 괜찮아 | 실수 탈출하기 —— 120
- 이빨 괴물이라고? | 콤플렉스 탈출하기 —— 130

"마음을 움직이는 힘" 정치가 장 크레티앙 —— 110
"다른 사람을 먼저 생각하라" 고고학자 최순우 —— 128

말썽꾸러기 탈출 작전 넷, 주위를 돌아보기

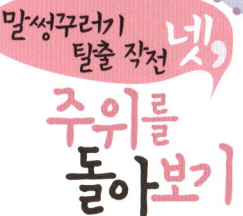

- 진정한 용기란 | 욕심쟁이 탈출하기 —— 142
- 고물 장수 로봇 대장 | 열등감 탈출하기 —— 152
- 스타가 되고 싶어 | 허영심 탈출하기 —— 162
- 나 하나쯤 뭐 어때? | 이기심 탈출하기 —— 172

"생각대로 행동하는 것이 진정한 용기" 레이디 고다이버 —— 150
"내 삶을 이끌어 준 진정한 멘토" 피겨 요정 김연아 —— 170

충동구매 탈출하기

용돈으로 부자 되기

매주 용돈을 받지만 늘 모자라요. 집에 오는 길에 친구랑 떡볶이 사 먹고 학원 끝나고 피시방 들러 게임하고 나면 남는 게 없어요. 반 친구 생일에 초대받아 가는 날엔 생일 선물도 사야 되는데, 용돈은 이미 바닥나고 없는 거예요.

찬호는 아침부터 기분이 좋았습니다. 오늘은 엄마에게 일주일치 용돈을 받는 날이기 때문입니다.

"야호! 드디어 용돈 받는 날이다."

찬호는 오늘은 무척 기다렸습니다. 지난주에는 용돈을 이틀 만에 다 쓰는 바람에 친구들이 아이스크림을 사 먹을 때 그저 구경만 해야 했습니다.

찬호는 아침 식사를 하면서 엄마의 눈치를 살폈습니다.

'오늘은 용돈을 조금 더 올려 주시겠지.'

그러나 찬호의 바람은 보기 좋게 빗나갔습니다.

"학교 다녀오겠습니다."

문을 열고 나가는 찬호에게 엄마가 오천 원을 건네며 말했습니다.

"용돈이야, 한꺼번에 다 쓰지 말고 아껴 쓰도록 해."

찬호는 성에 안 차는지 투덜거렸습니다.

"오천 원 가지고 어떻게 아껴 써?"

어머니가 찬호의 머리에다 꿀밤을 한 대 먹였습니다.

"이 녀석아, 옆집 미나는 일주일 용돈이 삼천 원이야. 오천 원이 왜 적어?"

찬호는 더 이상 대꾸를 할 수 없었습니다. 그러다가 행여 이것마

저 빼앗길 수도 있기 때문입니다.

찬호는 학교를 향해 걸어가면서 생각했습니다.

'그래도 내 용돈은 다른 아이들보다는 많은 편이야.'

찬호는 참새가 방앗간을 그냥 못 지나가듯이 문방구를 힐끔거렸습니다. 그때 찬호의 두 눈을 사로잡는 것이 있었습니다.

지난주에 그토록 갖고 싶었던 변신 로봇 장난감이었습니다.

'정말 멋있다. 이따 수업 마치고 와서 사야지.'

교문으로 들어서는 찬호 머릿속에는 로봇 장난감 생각이 떠나지 않았습니다. 수업 시간에도 마찬가지였습니다. 선생님 말씀은 귀에 들리지 않고 오로지 '누가 저 로봇을 먼저 사 가면 어쩌지?' 하는 생각뿐이었습니다.

"땡! 땡!"

수업이 끝나자 찬호는 부리나케 문방구를 향해 내달렸습니다. 다행히 문방구에는 아직 로봇 장난감이 자리를 지키고 있었습니다.

찬호는 문방구 아줌마에게 물었습니다.

"아줌마, 이거 얼마예요?"

"오천 원이야."

문방구 아줌마의 말에 찬호는 잠시 망설였습니다.

'어떡하지? 로봇 장난감을 사고 나면 용돈이 하나도 안 남는데 일주일을 어떻게 보내지?'

하지만 곧 이런 생각이 들었습니다.

'아냐, 지금 로봇 장난감을 안 사면 누군가 사 버릴 거야. 그동안 갖고 싶었던 건데, 그냥 사자!'

로봇 장난감을 든 찬호의 마음은 세상을 다 가진 듯 뿌듯했습니다. 잠시 로봇 장난감을 살펴보다가 엄마에게 들키지 않게 가방 속에다 집어넣었습니다.

다음 날 찬호는 로봇 장난감을 학교에 들고 가 친구들에게 보여 주었습니다.

옆에서 가만히 구경하던 승민이가 물었습니다.

"너 이거 어디서 샀어?"

"학교 앞 문방구에서."

"그래? 얼마 주고 샀어?"

"오천 원, 왜?"

승민이는 안타깝다는 표정을 지었습니다.

"사거리 앞에 있는 문방구에는 사천오백 원에 팔기든."

"뭐?"

"바가지 썼네."

찬호는 승민이 말을 듣고 기운이 쏙 빠졌습니다.

자신이 산 로봇 장난감에 대한 친구들의 반응이 별로인데다 오백 원이나 더 비싸게 주고 샀기 때문입니다.

찬호는 집에 돌아와서도 승민이 말이 떠올라 기분이 좋지 않았습니다. 찬호의 표정을 본 엄마가 물었습니다.

"찬호야, 오늘 학교에서 안 좋은 일 있었니?"

찬호는 부모님에게 용돈을 벌써 다 썼다는 말을 할까 말까 망설였습니다. 이런 찬호의 마음을 아는지 아빠가 물었습니다.

"용돈은 아껴 쓰고 있니?"

순간 찬호는 뜨끔했습니다. 은행에서 일하는 아빠는 돈 관리에 매우 철저했기 때문입니다.

찬호는 말을 하다가 머뭇거렸습니다.

"그게, 저……."

엄마가 화들짝 놀란 눈으로 물었습니다.

"너, 설마 벌써 용돈을 다 쓴 건 아니지?"

"실은 로봇 장난감이 갖고 싶어서……."

"어머머, 얘 봐라. 오천 원을 삼 일 만에 다 써? 너 이제 앞으로 용돈 없는 줄 알아!"

그때 아빠가 엄마와는 정반대로 다정하게 말했습니다.

"찬호야, 아빠가 오천 원을 만 원처럼 쓸 수 있는 비결을 알려 줄까?"

찬호는 아빠의 말에 휘둥그레진 눈으로 대답했습니다.

"네, 아빠."

아빠는 서재에서 노트를 한 권 들고 나왔습니다.

찬호가 물었습니다.

"아빠, 무슨 노트예요?"

"응, 용돈기록장이란다. 앞으로 여기에 용돈을 받은 날짜, 물건을 산 날짜, 가격을 쓰는 거야. 쉽지?"

"그런데 정말 용돈기록장을 쓰면 용돈을 두 배로 쓸 수 있어요?"

"물론이지. 용돈기록장을 쓰면 내가 얼마를 쓰는지 알게 되고, 꼭 필요한 곳에 용돈을 쓸 수 있지. 그러다보면 용돈이 오히려 남게 된단다. 이게 바로 용돈을 두 배로 쓰는 비결이지."

"아, 그렇구나. 히히."

"찬호야, 앞으로 네가 쓰고 남는 용돈이 만 원이 되면 어린이 통장을 만들어 주마. 그리고 통장에 돈이 모이면 네가 정말 갖고 싶은 것을 사렴."

"정말요? 와, 신 난다!"

찬호는 용돈기록장을 들고 방으로 왔습니다. 하지만 방금까지 들떴던 기분은 이내 가라앉았습니다. 당장 내일부터 쓸 용돈이 하나도 없었기 때문입니다.

그런데 찬호가 용돈기록장을 펴자 작은 봉투가 나왔습니다. 봉투에는 메모와 함께 오천 원이 들어 있었습니다.

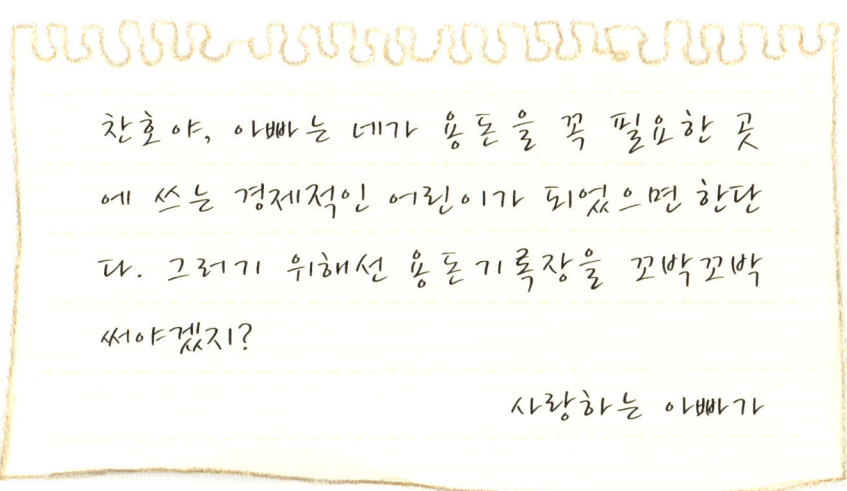

찬호야, 아빠는 네가 용돈을 꼭 필요한 곳에 쓰는 경제적인 어린이가 되었으면 한단다. 그러기 위해선 용돈기록장을 꼬박꼬박 써야겠지?

사랑하는 아빠가

찬호가 용돈기록장을 쓴지 한 달이 지났습니다. 처음에는 용돈기록장을 쓰는 일이 귀찮고 번거로웠습니다. 하지만 습관이 되자 점점 나아졌습니다.

찬호는 용돈기록장을 쓰고 난 후 많이 달라졌습니다. 예전 같았으면 삼 일도 지나지 않아 용돈이 바닥났을 텐데, 이제는 일주일이 지나도 오히려 용돈이 남았습니다.

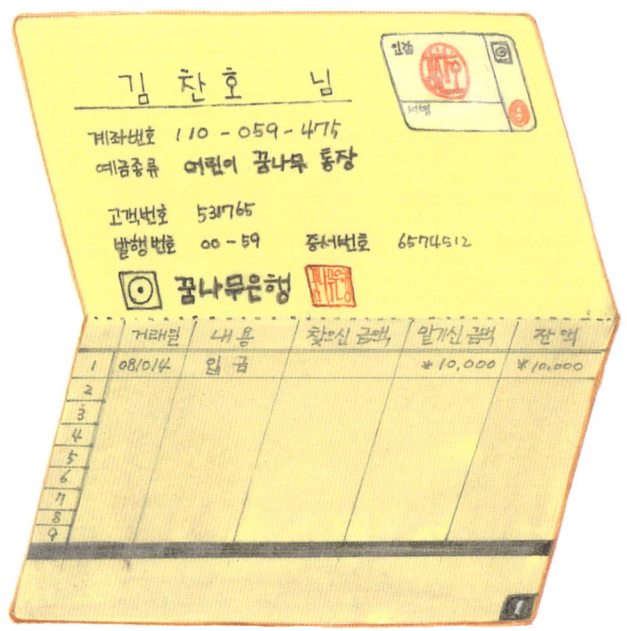

"후후, 내일이 용돈 타는 날인데, 아직 천 원이나 남았네."

찬호는 지난주에 아빠가 만들어 준 어린이 통장을 펴 보았습니다. 통장을 개설한지 얼마 되지 않아 금액은 적었지만 마음은 뿌듯했습니다.

 ## 충동구매를 막아라!

정해진 용돈을 아껴 쓰는 건 참 어려운 일이예요. 찬호처럼 충동구매를 해서 예상하지 않았던 물건을 사게 되면 용돈이 바닥나는 건 순식간이지요. 충동구매를 하지 않으면 보다 현명하게 용돈 관리를 할 수 있을 거예요. 어떻게 하면 충동구매를 막을 수 있을지 생각해 보세요.

1 최근 충동구매한 물건은 무엇인가요?

❶ _____
❷ _____
❸ _____

2 충동구매한 이유는 무엇인가요?

☐ 친구들이 산 걸 보고 따라하고 싶어서
☐ 새로 나온 물건을 보니 사고 싶어서
☐ TV나 인터넷 광고를 보고
☐ 기타

3 충동구매로 산 물건에 만족하나요?

☐ 만족한다
☐ 보통이다
☐ 만족하지 않는다

게임 대장 탈출하기

게임기가 필요해

친구들이랑 어울리려면 게임기는 필수예요. 게임하면서 스트레스도 풀고 친구들하고 더 가까워질 수 있거든요. 어른들은 게임하지 말라고 하지만 시간 날 때 하는 건 괜찮지 않나요? 학교 숙제, 학원 숙제, 시험 공부만 하는 건 너무 힘들어요.

하우는 설레는 마음으로 달력을 쳐다보았습니다.

'이틀만 있으면 내 생일이야. 드디어 나도 친구들처럼 게임기가 생기겠지.'

한 달 전에 아빠는 하우에게 생일에 게임기를 선물하겠다고 말했습니다. 그날부터 하우는 생일이 되기만을 손꼽아 기다려 왔습니다.

저녁 식사 시간에 하우가 아빠에게 물었습니다.

"아빠, 생일 선물로 게임기 사 주실 거죠?"

"게임기?"

순간 아빠는 고민스러운 표정을 지었습니다.

"네, 사 주신다고 했잖아요."

"그게 말이다. 아빠 친구들이 게임기 때문에 고민이래."

그때 엄마가 끼어들었습니다.

"왜요?"

"게임기로 게임하느라 공부는 뒷전이라는 거야."

마음이 불안해진 하우가 말했습니다.

"아빠, 우리 반에서 게임기 없는 애는 저 밖에 없어요."

"흐음."

"게임기 사 주시면 하루에 딱 10분만 할게요. 그리고 공부도 더

열심히 하고요."

"하우야, 미안하구나. 아빠가 아무래도 잘못 생각한 것 같다."

"아빠, 그냥 들고 다니기만 할게요."

그러자 아빠가 말했습니다.

"아빠가 한 가지 제안을 할게."

"제안이요?"

"너에게 게임기가 필요한 다섯 가지 이유를 곰곰이 생각해 보는 거야. 이유를 들어 보고 타당하면 사 줄게."

하우는 방에서 꼼짝도 하지 않은 채 게임기가 필요한 이유에 대해 생각했습니다.

'친구들이 모두 게임기를 가지고 있다.'

'게임기만 있으면 영어 사전이 필요 없다.'

'게임기가 없으면 친구들과 어울릴 수 없다.'

'두뇌 트레이닝을 하면 머리가 좋아진다.'

'게임기로 강아지를 키우면 동물을 사랑하게 된다.'

'게임기만 생각하면 잠이 오지 않는다.'

그러나 다섯 가지 이유를 찾는 일은 생각처럼 쉽지 않았습니다.

'그래, 내일 학교에서 준영이에게 게임기가 필요한 이유를 물어 보자.'

다음 날 하우가 교실에 도착했을 때 마침 준영이는 게임기를 하고 있었습니다.

"준영아, 뭐 하나 물어볼게."

"응, 뭔데?"

준영이는 게임기에 얼굴을 묻은 채 말했습니다.

"넌 게임기가 필요한 이유가 무엇이라고 생각하니?"

"그걸 말이라고 해? 게임도 할 수 있고 좋잖아."

"그것뿐이야?"

"요즘 게임기 없는 애가 어디 있니? 없으면 왕따 당해. 하기야 너처럼 유행에 뒤처진 애는 잘 모를 거야."

하우가 물었습니다.

"근데 넌 게임기 있어도 공부에는 지장 없어?"

"없긴, 어젯밤에도 게임하다가 늦게 잤는데. 아, 맞다! 숙제 깜빡했네."

준영이는 게임을 멈추고 바쁘게 영어 단어 쓰기 숙제를 하기 시작했습니다. 그런 준영이는 보며 하우는 이런 생각이 들었습니다.

'예전의 준영이는 이리지 않았는데……'

하우는 수업 시간과 쉬는 시간에 틈틈이 게임기가 꼭 필요한 이유에 대해 생각했습니다. 하지만 생각을 계속할수록 미궁 속으로

빠지는 것 같았습니다. 오히려 게임기를 가지고 있는 친구들의 나쁜 모습만 떠올랐습니다.

'친구들이 게임기를 사고 나서 달라졌어. 숙제도 잘 해오지 않고 성적도 떨어지고……. 게다가 게임하느라 말도 잘 하지 않고 신경질적이야.'

한편으로는 이런 생각도 들었습니다.

'게임기가 있으면 정말 하루에 10분만 할 수 있을까?'

'나도 준영이처럼 게임기 때문에 공부에 소홀해지지는 않을까?'

그때 책상 위에 놓여 있는 PMP가 눈에 들어왔습니다. 작년 생일 때 영어 사전 기능이 있다며 부모님을 졸라 선물로 받은 것이지만 이제는 골동품이 되어 자리만 차지하고 있었습니다.

하우는 스스로에게 물었습니다.

'정말 나에게 게임기가 필요할까?'

'친구들이 모두 가지고 있기 때문에 나도 가지려고 하는 건 아닐까?'

그제야 하우는 자신이 게임기를 가지고 싶은 이유를 알 것 같았습니다.

'맞아! 내가 게임기를 가지고 싶은 이유는 영어 사전 기능, 두뇌

트레이닝 때문이 아니야. 나에게도 게임기가 있다는 것을 친구들에게 자랑하고 싶은 마음 때문이야.'

다음날 아침 식사 시간에 아빠가 하우에게 물었습니다.

"하우야, 게임기가 필요한 다섯 가지 이유는 찾았니?"

"아빠, 곰곰이 생각해 보니 게임기를 갖고 싶었던 이유는 내게도 게임기가 있다는 것을 친구들에게 보여 주고 싶은 마음 때문이었어요. 그런데 게임기가 있으면 다른 친구들처럼 학교 공부에 소홀해질 것 같아요."

하우는 멋쩍은 듯 말했습니다.

그런 하우를 보며 아빠는 환하게 웃었습니다.

"우리 하우, 철들었구나. 하하."

"난 꿈을 선택할 거야"
축구 선수 펠레

세계의 축구 역사를 새롭게 쓴 **'축구 황제' 펠레**. 그는 어린 시절 맨발로 축구를 해야 할 만큼 가난했습니다. 펠레의 아버지는 청소부로 일하면서 틈틈이 펠레를 지도했습니다.

어느 날부턴가 펠레는 불량스러운 친구들과 어울려 다니기 시작했습니다. 담배를 피우고 술도 마시며 세월을 보냈습니다.

어느 날 그런 펠레에게 아버지가 이야기했습니다.

"펠레야! **너는 축구 선수로서의 재능**이 많단다. 하지만 담배를 피우고 술을 마시면 꿈을 이룰 수 없을 거야. 90분 동안 그라운드를 누빌 수 있는 체력을 유지할 수 없기 때문이야. **네가 간절히 원하는 꿈과 당장의 쾌락 중에 네 스스로 선택하거라.**"

아버지는 낡은 지갑을 열어 펠레의 손에 담배 살 돈을 쥐어 주었습니다.

펠레는 구겨진 몇 장의 지폐를 바라보았습니다. 그 순간 병원에서 힘든 일을 하면서도 늘 미소를 잃지 않는 아버지의 모습이 떠올라 눈물이 났습니다.
'그래, 난 담배가 아닌 꿈을 선택할 거야!'

펠레는 그날 이후로 담배는 물론 술도 끊었습니다. 아버지의 말씀을 생각하며 **자신의 체력을 키우고 실력을 쌓기 위해** 애썼습니다.

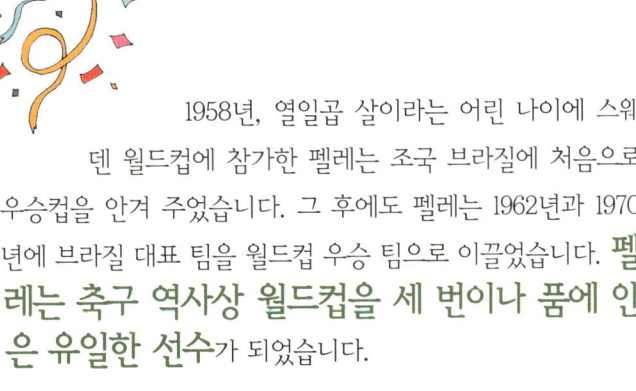

1958년, 열일곱 살이라는 어린 나이에 스웨덴 월드컵에 참가한 펠레는 조국 브라질에 처음으로 우승컵을 안겨 주었습니다. 그 후에도 펠레는 1962년과 1970년에 브라질 대표 팀을 월드컵 우승 팀으로 이끌었습니다. **펠레는 축구 역사상 월드컵을 세 번이나 품에 안은 유일한 선수**가 되었습니다.

꼴찌탈출하기

책은 배움의 바다

학교에서도, 학원에서도 읽어야 할 책이 많은데 집에서까지 꼭 책을 읽어야 하나요? 우리 반 민아는 책을 좋아해서 그런지 글을 잘 써서 상을 타기도 하고 공부도 잘해서 선생님께 칭찬도 많이 받곤 해요. 그런 민아를 보면 부럽기도 하지만 책 읽는 건 내 맘대로 안 되는 것 같아요.

벼리는 학교에서 돌아오자마자 거실에 있는 컴퓨터 전원을 켰습니다. 그런 벼리를 보며 엄마가 한마디 했습니다.

"오늘 숙제 없어?"

"있어."

엄마는 컴퓨터 전원을 강제로 껐습니다.

"그럼, 숙제부터 해야지, 컴퓨터는 왜 켜고 그래."

"이따 하면 된단 말이야!"

벼리는 신경질을 내며 방으로 들어갔습니다.

"어머, 쟤 말하는 것 좀 봐."

엄마는 벼리를 따라 방으로 들어왔습니다.

"너 엄마한테 말버릇이 그게 뭐니?"

"에이, 몰라. 게임 못하게 하니까 그렇지."

엄마는 단호하게 말했습니다.

"앞으로 거실에서 컴퓨터 치워 버릴 테니까, 그렇게 알고 있어."

벼리도 지지 않고 대꾸했습니다.

"맘대로 해."

벼리는 시간만 나면 컴퓨터 게임에 빠져 있었습니다. 그러다보니 성적은 하위권으로 떨어졌고 성격도 전과 달리 점점 거칠어졌습니다. 그런 벼리를 보는 부모님은 걱정이 되었습니다.

"벼리, 이대로 놔두면 큰일 나겠어요."

"컴퓨터 게임보다 책을 더 좋아하게 하는 만드는 방법은 없을까?"

하지만 아무리 생각해도 마땅한 방법이 떠오르지 않았습니다. 무작정 거실에서 컴퓨터를 치우면 벼리의 반감만 살 뿐이라는 생각이 들었습니다.

그날 저녁에 벼리네 집에서 반상회가 열렸습니다.

책벌레 민아 엄마도 참석했습니다. 민아는 책을 좋아하고 전교 1, 2등을 도맡아 할 정도로 성적이 우수했습니다. 뿐만 아니라 얼마 전에 있었던 전국 논술 대회에서 대상을 받기도 했습니다.

민아 엄마는 이렇게 말했습니다.

"거실에 있는 컴퓨터를 치우고 대신 책장으로 꾸며 보세요."

"거실을 서재로요?"

"예, 그렇게 하면 누가 시키지 않아도 자연스레 책과 친해질 거예요."

민아 엄마는 계속 말했습니다.

"〈해리포터〉 같은 판타지 소설부터 만화, 전래 동화, 소설 등 종류가 다양할수록 좋아요. 전 이런 방법으로 민아가 책과 친해지게 만들었거든요."

민아 엄마의 말을 듣고 벼리 엄마는 내일 당장 거실을 서재로 만들기로 마음먹었습니다.

"학교 다녀왔습니다!"

벼리는 거실로 들어서면서 깜짝 놀랐습니다. 컴퓨터는 보이지 않고 그 자리에 거대한 책장이 서 있었기 때문입니다.

벼리가 엄마에게 휘둥그레진 눈으로 물었습니다.

"엄마, 어떻게 된 거야?"

"거실 분위기 바꿔 봤는데 어때?"

엄마는 조심스럽게 돌려서 말했습니다. 벼리는 천천히 책장에 꽂혀 있는 책들을 살펴보았습니다.

"와! 마치 도서관 같아."

"그래? 엄마랑 같이 도서관 이름 지을까?"

"응."

벼리와 엄마는 거실에 꼬마 도서관이라는 이름을 붙였습니다. 책은 많아도 진짜 도서관보다 작았기 때문입니다.

하지만 이틀이 지나도 벼리는 책을 읽지 않았습니다. 그냥 어떤 책들이 있는지 호기심 가득한 표정으로 탐색만 할 뿐이었습니다.

4일째, 벼리는 책장에서 만화책을 꺼내 읽기 시작했습니다. 책을 읽으면서 혼자 킥킥거리기도 했습니다. 이렇게 시작된 벼리의 독서는 시간이 지나면서 그림책, 동화로 옮겨 갔습니다. 이런 모습을 본 엄마는 흐뭇했습니다. 거실을 서재로 바꾸기를 잘했다는 생각이 들었습니다.

거실을 서재로 바꾼 지 석 달이 지났습니다. 그동안 벼리는 많이 달라졌습니다. 예전에는 책보다 컴퓨터 게임을 더 좋아했지만 지금은 매일 책을 읽었습니다. 책을 읽으면서 마치 주인공이 된 것처럼 상상의 세계를 펼쳤습니다.

벼리는 책을 읽기 시작하면서 지식과 논리력도 향상되었습니다. 그러다보니 자신감이 생겨 친구들에게 자신이 알고 있는 지식에 대해 논리적으로 대답해 주었습니다.

엄마는 틈틈이 벼리가 꼭 읽어야 하는 책들을 사 모았습니다. 어느새 벼리네 집은 아파트에서 책이 가장 많은 집이 되었습니다. 그래서 종종 반 아이들이 벼리에게 책을 빌려 달라고 부탁하곤 했습니다.

오늘은 친구 운하와 미라가 책을 빌리러 왔습니다. 벼리네 집에는 없는 책이 없다는 소문이 자자했기 때문입니다.

"혹시 〈톰 소여의 모험〉 있어?"

"응, 있어."

"그러면 〈내 이름은 삐삐 롱스타킹〉은?"

"그 책도 있어."

"와! 벼리는 정말 좋겠다."

벼리는 꼬마 도서관 덕분에 친구들에게 인기 만점이었습니다. 어제는 짝사랑하던 유리한테서 '좋은 친구로 잘 지내자.'는 쪽지도 받았습니다. 벼리는 날아갈 듯 기분이 좋았습니다.

"이번 백일장에는 벼리가 나가는 것이 좋겠다."

선생님은 반 대표로 백일장에 나갈 사람으로 벼리를 지목했습니다. 친구들이 책을 많이 읽는 벼리를 추천했기 때문입니다.

하지만 난생 처음으로 참가하는 백일장이었기 때문에 벼리는 자신이 없었습니다.

'모두들 나보다 글을 훨씬 잘 쓸 텐데……'

벼리는 마음을 편히 먹기로 했습니다.

그런데 기적 같은 일이 일어났습니다. 벼리가 백일장에서 장원 다음으로 높은 상인 차상을 받았기 때문입니다.

"김벼리, 한민호, 강주경, 한수진. 모두 단상으로 올라와 주세요."

벼리는 자신의 이름이 불리자 가슴이 터질 것 같았습니다. 그리고 책의 소중함을 일깨워 준 꼬마 도서관이 떠올랐습니다.

'꼬마 도서관, 정말 고마워.'

나의 책 나무 만들기

1 책을 한 권 읽을 때마다 나무를 키워 보세요.
열매가 늘어 갈수록 책 읽는 재미도 더 커진답니다.

날 짜_____
책 제목_____
지은이_____

날 짜_____
책 제목_____
지은이_____

날 짜_____
책 제목_____
지은이_____

날 짜_____
책 제목_____
지은이_____

날 짜_____
책 제목_____
지은이_____

날 짜_____
책 제목_____
지은이_____

2 책을 읽고 나서 독서기록장을 적어 보세요.

	책 제목	날짜	느낌	평가
1				☺☺☺☺☺
2				
3				
4				
5				
6				
7				
8				
9				
10				
11				

소심쟁이 탈출하기
나를 빛나게 하는 마법의 주문

전 친구들 앞에선 목소리가 작아지고 떨려요.
빨리 시간이 지나갔으면 하는 생각밖에 들지 않아요.
친구들과 같이 놀고 싶고 이야기도 하고 싶지만,
용기가 나지 않아요.
이런 내 모습이 싫은데, 어떻게 하죠?

오늘은 가연이가 4학년이 되어 처음 학교에 가는 날입니다.

가연이는 불안한 마음으로 주위를 둘러보았습니다. 3학년 때 함께 공부하던 친구는 승민이와 혜진이뿐이었습니다.

'다들 다른 반으로 뿔뿔이 흩어졌구나.'

가연이는 식은땀이 흐르고 가슴이 두근거렸습니다. 처음 보는 아이들과 일 년 동안 잘 지낼 수 있을까 하는 생각이 들었습니다.

잠시 후 안경을 쓴 선생님은 환하게 웃으며 말했습니다.

"오늘 첫 시간에는 각자 자기소개를 하도록 해요. 이름과 사는 곳 그리고 성격과 장래 희망 등을 다른 친구들이 알아들을 수 있도록 씩씩하게 말해 보세요."

가연이는 선생님의 자기소개라는 말에 바짝 긴장되었습니다. 내성적인 탓에 평소에 사람들 앞에서 얘기하거나 발표하는 것을 가장 싫어하기 때문입니다.

'왜 하필 첫 날부터 자기소개야.'

이런 가연이의 마음을 모르는 담임선생님은 이어서 말했습니다.

"자, 왼쪽 줄에 앉아 있는 친구부터 앞으로 나와 자기소개를 해 보세요."

선생님의 말씀이 끝나자 한 아이가 앞으로 나가 자기소개를 시작했습니다.

"안녕! 난 박영호라고 해. 큰 길 건너 장미 아파트에 살아. 축구처럼 공으로 하는 운동은 다 좋아하고 꿈은 축구 선수야. 앞으로 친하게 지내자."

영호의 소개가 끝나자 아이들은 박수를 쳤습니다.

곧이어 두 갈래로 머리를 땋은 여자 아이가 자기소개를 했습니다.

"내 이름은 김보라야. 꿈은 선생님이고 희망 우체국 옆에 살고 있어. 성격은 활발한 편이야. 앞으로 잘 지내자."

모두들 떨지 않고 자기소개를 하는 모습이 자신감 있어 보였습니다. 그런 아이들을 보자 가연이는 더욱 긴장되었습니다.

어느덧 가연이의 순서가 다가왔습니다. 가연이는 다리가 후들거리고 가슴이 심하게 두근거렸습니다.

"내 이름은 정, 가연이라고 해. 꾸, 꿈은 프로게이머야. 희, 희망 아파트에 살고, 서, 성격은 조용한 편이야."

자기소개를 마친 가연이의 얼굴이 홍당무가 되었습니다.

자리에 돌아온 가연이는 고개를 푹 숙인 채 앉아 있었습니다. 가연이는 너무나 창피한 나머지 귓속이 윙윙거리고 다른 아이들 이야기는 들리지 않았습니다. 개학 첫날에 자기소개를 시킨 선생님이 한없이 원망스럽기만 했습니다.

가연이가 4학년이 된지 한 달이 지났습니다. 그런데 가연이는 학교생활이 전혀 즐겁지 않았습니다. 아직 친구들을 사귀지 못했기 때문입니다.

점심시간에 아이들은 운동장에 나가 농구나 축구를 하며 놀았습니다. 그러나 가연이는 혼자 교실에 남아서 아이들이 노는 모습을 바라보기만 했습니다.

'나도 놀고 싶은데……'

가연이는 아이들과 함께 섞여 놀고 싶었지만 늘 혼자였습니다.

"가연이는 운동을 싫어하는구나."

선생님이 혼자 있는 가연이에게 물었습니다.

"아, 아뇨. 좋, 좋아해요."

"그래? 그러면 친구들과 함께 어울리지 그러니?"

"……"

선생님은 가연이가 굳이 말을 하지 않아도 마음을 알 수 있었습니다. 그동안 가연이의 모습을 쭉 지켜보고 있었기 때문입니다.

"친구들은 많이 사귀었니?"

"아, 아뇨."

가연이는 힘없는 목소리로 대답했습니다. 마치 문제를 풀어 놓고도 틀렸을까 봐 대답을 못하는 아이처럼 늘 자신감이 없었습니다.

"선생님이 보기에 다른 아이들은 가연이랑 친구하고 싶은 눈치던데."

"저, 정말요?"

"그럼, 가연이는 착하고 게다가 공부도 잘하잖니."

선생님의 칭찬을 들은 가연이 눈빛이 반짝거렸습니다. 선생님은 늘 소극적인 가연이가 안타까워 가연이에게 자신감을 찾아 주어야겠다고 생각했습니다.

선생님은 주머니에서 무언가를 꺼냈습니다. 곱게 접은 종이쪽지였습니다.

"이건 '자신감을 부르는 마법의 주문' 이 적힌 쪽지란다."

가연이는 호기심 가득한 눈으로 선생님을 바라보았습니다.

"믿기 어렵겠지만 선생님도 어렸을 땐 너처럼 자신감이 부족했어. 아니, 어쩌면 너보다 더 심했을 거야. 아이들과 선생님이 말을 걸면 얼굴이 발갛게 상기되었을 정도니까."

"정말이요?"

"그럼."

가연이는 선생님 얘기에 귀 기울였습니다.

"그런데 어느 날 담임선생님께서 이 쪽지를 주셨단다. 자신감이 부족해 망설이거나 주저하게 될 때 이 쪽지를 펴 보렴. 그러면 자신감이 샘물처럼 솟을 거야."

> 난 잘할 수 있다.
>
> 난 나 자신을 믿는다.
>
> 난 세상에서 가장 소중하고 특별한 존재이다.
>
> 모두들 나를 아끼고 사랑한다.
>
> 사람은 누구나 실패나 잘못을 통해 성장한다.

"여기 종이쪽지에 적혀 있는 주문은 그리 특별하지 않아. 하지만 자신감이 없어서 망설여질 때 이 문장들을 소리 내어 읽어 보렴. 그럼 거짓말처럼 자신감이 생긴단다. 선생님도 어릴 때 이렇게 해서 자신감을 가질 수 있었어."

가연이는 망설이다 물었습니다.

"저, 정말 선생님 말씀대로 자신감이 생길까요?"

"그럼, 이건 선생님이 가연이에게 주는 선물이야."

"고, 고맙습니다."

잠시 후 수업 시작을 알리는 종이 울리고 아이들이 하나 둘 교실로 들어왔습니다.

며칠 후 점심시간이었습니다. 다른 때처럼 가연이는 창가에서 아이들이 공을 차는 모습을 지켜보고 있었습니다. 그때 홍진이가 급히 교실로 뛰어왔습니다.

홍진이는 숨을 헐떡이며 말했습니다.

"가연아, 지금 바쁘니?"

"아, 아니 왜?"

"잘됐다. 민수가 발목을 삐는 바람에 우리 팀에 한 명이 모자라는데, 네가 들어오지 않을래?"

"내, 내가?"

"응."

가연이는 순간 망설였습니다.

'지금 홍진이네 팀으로 뛴다면 아이들과 친해질 수 있는 기회가 될 텐데……'

하지만 만일 자신의 실수로 팀이 진다면 아이들에게 비난을 받을지도 모른다는 생각이 들었습니다.

'어떡하지?'

가연이는 주머니에서 종이쪽지를 꺼내서 읽어 보았습니다.

'난 잘할 수 있다.'

'난 세상에서 가장 소중하고 특별한 존재이다.'

'모두들 나를 아끼고 사랑한다.'

어느새 가연이는 한번 해 보자는 생각이 들었습니다.
'실수하면 어때, 아이들과 즐겁게 어울릴 수 있으면 되지.'

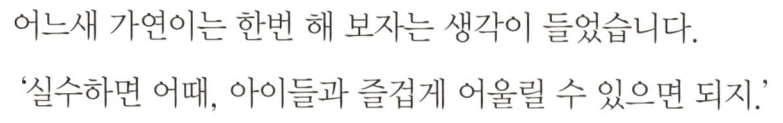

"좋아, 할게."

가연이는 운동장으로 달려가면서 기분이 좋아졌습니다. 민수 대신 가연이가 뛴다고 하자 아이들도 환호했습니다. 가연이는 이제 아이들과 한층 더 가까워진 느낌이 들었습니다. 그리고 선생님이 주신 '자신감을 부르는 마법의 주문'이 고맙게 느껴졌습니다.

"나의 꿈은 현재 진행형"
정치가 힐러리 클린턴

미국 최고의 여자 명문 대학인 웰즐리 대학에서 정치학을 전공한 힐러리는 대학 시절 학생회장으로 활동했고 졸업식에서 졸업생을 대표해 연설을 맡아 언론의 주목을 받기 시작했습니다.

힐러리는 예일 대학교 법과 대학원에 들어가면서 결심했습니다.
"내가 원하는 것을 꼭 이루고야 말겠어!"

예일 대학교 법과 대학원 시절에 빌 클린턴을 만나 결혼한 힐러리는 주저하는 클린턴을 설득해 **최연소로 아칸소 주의 주지사에 당선**되도록 이끌었습니다.

할 수 있어요!

또한 빌 클린턴이 1992년에 **미국 42대 대통령**에 당선되는데 결정적인 공헌을 했고, 1996년 **재선**에서도 **실질적으로 선거 운동을 지휘**하여 남편 클린턴을 당선시켰습니다.

어느 날 클린턴 부부가 주유소에 들렀을 때의 일입니다. 주유소에서 일하고 있던 남자는 힐러리의 동창이었습니다.
빌 클린턴이 한마디 했습니다.
"당신이 저 사람과 결혼했다면 지금쯤 주유소 직원의 아내가 되었을 거요."
그러자 힐러리가 말했습니다.
"아니, 저 사람은 분명 미국 대통령이 되었을 거예요."

백악관을 나온 후 힐러리는 2000년 뉴욕에서 연방 상원의원이 되었고, **"나는 승리하기 위해 뛰어 들었다."**라는 말과 함께 2008년 미국 대통령 선거에 출사표를 던졌습니다. 비록 민주당 대선 후보가 되는 데는 실패했지만 44대 미국 대통령에 당선된 오바마로부터 국무장관에 임명되었습니다.
최초로 퍼스트레이디 출신 국무장관이 된 그녀의 꿈은 현재 진행형입니다.

당당한 리더십 수업

자신감

세상에는 두 종류의 사람들이 있습니다. 자신감이 강한 사람과 자신감이 부족한 사람입니다. 자신감이 강한 사람은 어떤 일을 처음 하거나 어려운 일을 만났을 때 주저하지 않습니다. 오히려 '난 잘 해낼 수 있어.'라는 긍정적인 마음가짐으로 도전해서 성공으로 이끕니다. 자기 자신을 믿는 마음, 즉 자신감을 가질 때 다른 사람들도 믿고 따르는 진정한 리더가 될 수 있답니다.

절약

돈은 살아가는데 있어 매우 중요한 수단입니다. 좋아하는 음식이나 예쁜 옷을 살 때, 몸이 아파 병원에 갈 때 돈이 필요합니다. 재미있는 동화책을 사거나 학원을 다니기 위해서도 돈이 필요합니다.

물론 돈이 인생의 전부라고 할 수는 없습니다. 하지만 돈을 아끼고 저축한다면 타인을 도와줄 수 있을 뿐만 아니라 훨씬 가치 있고 행복한 인생을 살 수 있다는 것을 명심하세요.

리더십은 무엇을 말하는 걸까요? 무리를 다스리거나 이끌어 가는 지도자로서의 능력, 즉 지도력, 통솔력을 뜻합니다. 성공한 사람들은 리더십으로 사람들의 마음을 모아 목표를 향해 나아갔습니다.

여러분, 무작정 친구들을 따라하지 마세요. 대신 진정 내가 원하는 것인지, 정말 내게 필요한지 꼼꼼히 따져 보세요. 자기 자신을 이끄는 사람이 다른 사람들도 이끌 수 있으니까요.

컴퓨터 황제 빌 게이츠는 "오늘의 나를 있게 한 것은 동네 도서관이었다."라고 고백한 적이 있습니다. 빌 게이츠 같은 세계의 리더들에게는 책벌레라는 공통점이 있습니다. 토크쇼의 여왕 오프라 윈프리, 미국 제42대 대통령 빌 클린턴, 전 영국 수상 윈스턴 처칠……. 이들을 리더로 만든 건 책이었습니다.

리더가 되고 싶다면 먼저 책과 친구가 되세요. 책은 여러분에게 무한한 지식과 상상력, 창의력을 선물할 것입니다. 리더가 되기 위한 첫걸음은 독서라는 것 잊지 마세요.

말썽꾸러기 탈출 작전 둘,
지금 당장 시작하기

다이어트 대작전
이름 : 유나
특기 : 다이어트 계획 세우기
"이거만 먹고 내일부터 하면 되지."
목표 : 비만 탈출하기

변덕쟁이 탈출하기
꼬마 요리사 되기

난 꿈이 정말 많아요. 어른들은 꿈이 클수록 좋다고 하잖아요. 그런데 꿈이 많은 것도 문제인가요? 내 짝은 가수가 되는 게 꿈이고, 다정이는 엄마처럼 의사가 되는 게 꿈이에요. 난 유명한 사람이 되는 게 꿈이고요. TV에 나오는 연예인처럼 유명해지고 싶고 요리를 잘 하니까 요리사도 되고 싶은 건데……. 꿈이 꼭 하나여야 하는 건가요?

일요일 오전, 수지네 가족은 모두 모여 TV를 보고 있었습니다.

중학생 여자 아이가 나와 음식 만드는 법을 소개하는 프로그램이었습니다. 예쁜 앞치마를 두르고 마치 어른처럼 이런저런 설명을 하며 음식을 만들었습니다. 그 학생은 요리사 자격증도 가지고 있었습니다. 수지는 그 모습이 멋져 보여 한마디 했습니다.

"나도 저 언니처럼 요리사 자격증 따고 싶다."

"아이고, 이제는 요리사야? 말은 잘 해요."

언니가 비웃었습니다. 기분이 나빠진 수지는 엄마에게 구원 요청을 했습니다.

"엄마, 지난 번에 내가 끓여준 라면 맛있다고 했지?"

"야, 라면이 요리냐? 그건 유치원생도 한다."

언니는 툭툭 끼어들어 수지를 더욱 기분 나쁘게 했습니다.

"내가 엄마한테 물었지 언제 언니한테 대답해 달라 했어?"

"너는 언제나 그런 식이야. 다 하고 싶다지. 이것도 하고 싶고, 저것도 하고 싶고."

그날따라 언니는 집요하게 수지를 헐뜯었습니다.

가만히 듣고 있던 아빠가 너무 심하다며 언니를 나무라자 언니가 한마디 했습니다.

"아빠, 아빠도 아시잖아요. 수지는 일만 벌여 놓고 계속하는 것은 하나도 없어요. 지난주엔 오카리나 하고 싶다더니 겨우 이틀 지나서 그만뒀어요. 그 오카리나는 어디 있지?"
"그건, 그러니까."

옆에 있던 엄마도 거들었습니다.

"언니 말이 맞지 뭐. 끈기를 가지고 하는 일이 없었잖니."

"하지만 요리는 정말로 제가 좋아하는 일이에요. 학교에서 실습 시간에 감자 크로켓 만들었을 때도 선생님께서 제가 제일 잘한다고 칭찬하셨어요."

"만날 그렇지. 정말로 잘해, 정말로 좋아해, 정말로 하고 싶어."

수지는 창피하기도 하고, 사사건건 시비를 거는 언니가 밉기도 하여 얼굴이 붉으락푸르락했습니다.

"언니, 내가 요리사 자격증 따면 어쩔 건데?"

"뭐, 요리사 자격증? 네가 요리사 자격증을 딴다고? 웃기지 마."

그러자 수지는 더욱 약이 올랐습니다.

"정말 내가 자격증 따면 어쩔 건데?"

"네가 자격증을 따면 너를 공주 대접할게. 우리 방 청소 매일 내가 도맡아서 한다, 됐냐?"

"알았어. 다른 말 하기 없기야. 엄마 아빠도 들으셨죠?"

혼자 있게 된 수지는 생각이 복잡했습니다. 인정하고 싶지는 않지만 언니의 말이 틀린 건 아니었습니다. 수지는 가족들에게 무언가 보여주어야겠다고 결심하고 책상 앞에 목표를 써 붙였습니다.

> 목표 : 요리사 자격증
>
> 기간 : 1달

'이젠 어떻게 하지? 그래, 요리 학원부터 가 보는 거야.'

수지는 집에서 가까운 요리 학원을 찾았습니다.

요리 학원 선생님은 수지를 친절하게 맞아 주었습니다.

"요즘은 초등학생들도 요리를 많이 배우지. 꼬마 장금이가 인기였잖니? 그런데 수지는 왜 요리를 배우려고 하니?"

"자격증을 따려고요."

선생님이 자격증을 따려는 이유를 묻자 수지는 언니 때문이라고 솔직히 말할 수 없어서 요리하는 걸 좋아한다고 했습니다.

선생님은 학원비와 수업 시간, 자격증을 따는 데 걸리는 기간 등을 설명했습니다. 그리고 쉽지는 않지만 얼마든지 가능하다는 희망도 주었습니다. 연습을 반복해야 하기 때문에 끈기가 필요하다는 설명도 덧붙였습니다.

수지를 실습실로 안내한 선생님이 작은 무와 칼을 수지에게 내밀었습니다.

"어디 한번 마음대로 잘라 보겠니? 칼은 조심해서 다루어야 하

니까 집중해서 하렴."

평소 엄마가 요리하는 모습을 지켜보는 것을 좋아했던 수지는 엄마가 했던 걸 떠올려 무를 납작하게 잘랐습니다.

"어머나, 장금이가 울고 가겠다. 정말 요리하는 것을 좋아하는 모양이구나. 선생님도 기대가 된다. 잘할 수 있겠어. 다음에는 엄마를 모셔 오렴."

수지는 나이가 어리기 때문에 보호자의 동의가 있어야 자격증 시험도 치를 수가 있었습니다. 수지는 엄마를 설득했습니다. 급한 마음에 한 달로 정했던 목표 기간도 담당 선생님과 상의하여 조정하기로 했습니다.

처음엔 그저 단순한 호기심이려니 생각했던 엄마도 적극적으로 수지를 도와주기로 약속했습니다. 그러나 언니의 태도는 변함이 없었습니다.

수지에게는 두 가지의 마음이 자리하고 있었습니다. 하나는 자격증을 따서 가족들, 특히 언니를 깜짝 놀라게 해 주는 것이고 다른 하나는 멋진 요리사가 되는 것이었습니다.

요리는 생각만큼 쉽지가 않았습니다. 정해진 크기에 맞게 재료를 자르는 일, 생선을 손질하는 일, 재료가 타지 않으면서 충분히 익을 수 있도록 불의 세기를 조절하는 일 들이 수지에게는 벅찼습니다. 그렇지만 수지는 포기하지 않았습니다.

드디어 시험 보는 날, 수지는 최선을 다해 그동안 배운 요리 실력을 발휘했습니다. 하지만 정해진 시간에 요리를 완성하지 못해 합격하지 못했습니다. 시험장에 있던 많은 사람들은 끝까지 최선을 다한 수지에게 응원의 박수를 보냈습니다.

"이번에는 떨어졌지만 꼭 다시 도전하렴. 다음번엔 너에게 딱 알맞은 발판을 준비해 놓을게."

선생님은 키가 작은 수지를 위해 임시로 준비한 발판이 맞지 않아 불편했을 거라며 아쉬워했습니다.

일주일 후, 합격자 발표가 있었습니다. 예상대로 수지는 합격하지 못했습니다.

그런데, 언니의 반응이 전과는 달랐습니다.

"야, 힘 내. 처음 요리하는 애가 어떻게 단번에 붙니? 나 솔직히 너 다시 봤어. 그동안 얕본 거 미안해."

"아니야 언니, 그동안 그럴 만도 했어."

수지는 시험에는 떨어졌지만 언니의 응원에 뿌듯했습니다.

"15살에 세운 인생 목표"
탐험가 존 고다드

유명한 여행가이자 탐험가인 존 고다드. 그는 카약 하나로 나일 강을 완주하고, 킬리만자로 정상에 오르는 등 인간의 한계에 도전해 왔습니다.

그는 끊임없는 도전으로 많은 사람들에게 도전 정신과 긍정적인 사고를 가슴에 심어 주었습니다.
"난 할 수 있어."
"내가 이루지 못할 목표는 없어."

사람들은 그런 그를 보며 특별한 능력을 갖추었다고 생각하지만 사실은 그렇지 않았습니다.
그는 열다섯 살 때 이미 자신의 목표를 세워 놓았습니다. 그 목표는 그가 소중히 간직하고 있는 수첩에 또렷이 적혀 있었습니다.

열다섯 살
존 고다드

존 고다드의 인생 목표

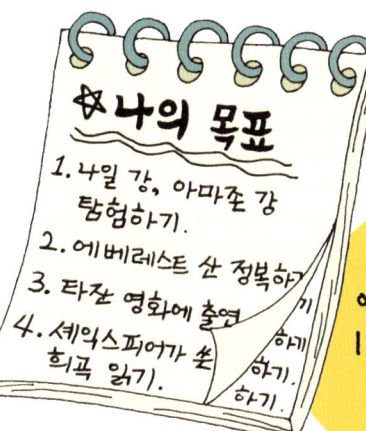

그는 열여섯 살에 아버지와 함께 조지아 주 오커퍼스키소 택지를 탐험하는 것으로 첫 번째 목표를 이루었습니다. 그 후 지금까지 모두 **106개의 목표**들을 하나씩 이루어 왔습니다. 그리고 그 과정에서 여러 번 목숨을 잃을 뻔했습니다.

그는 당시의 위험했던 순간을 회상하며 이렇게 말합니다.
"이런 경험들을 통해 나는 행동하는 인간의 보람과 삶의 가치를 느낍니다. 사람들은 흔히 위대한 용기와 힘과 인내를 발휘한다는 것이 무엇인지 모른 채 인생을 마칩니다. 그러나 죽음이라는 극한 상황에서는 자신의 내부에 감추어진 위대한 힘을 깨닫게 됩니다."

산만증 탈출하기

아빠의 우표를 찾아서

오늘도 수업 시간에 딴 생각을 하다가
선생님에게 혼났어요.
숙제를 못 들어서 친구한테 물어 볼 때도 많아요.
왜 자꾸 딴 생각이 나고 집중이 안 되는 걸까요?
책상에 앉으면 딴 생각이 나서 오래 있기가 힘들어요.
집중해야겠다고 생각할수록 집중이 안 돼서 고민이에요.

"여보, 내 서재와 서영이 방을 바꾸는 것이 어떻겠소?"
"그럼, 당신 서재가 너무 작아지는데 괜찮겠어요?"
"서영이도 컸으니, 점점 넓은 공간이 필요해질 거야."
아빠의 얘기를 들은 서영이는 뛸 듯이 기뻤습니다. 하지만 그만큼 아빠의 서재가 작아진다고 생각하니 기뻐할 수만은 없는 일이었습니다. 아마도 아빠는 얼마 전 서영이와 엄마의 이야기를 들으셨나 봅니다.

며칠 전 일이었습니다. 엄마는 몇 시간 째 TV를 보고 있는 서영이를 나무랐습니다.
"TV 그만 보고 공부를 하든 책을 보든지 하렴."
"책 다 봤어."
"며칠 전에 산 책을 벌써 다 읽었어?"
"그 책은 몇 장 읽었는데 더 읽기 싫어. 재미없어."
"사 달라고 할 땐 언제고 재미없을 것 같다고 읽지 않은 책이 도대체 몇 권이니?"
서영이는 이것저것 좋아하는 것은 많지만 어느 것 하나 끈질기게 하는 것이 없었습니다. 취미를 만들려고 애써 봤지만 금세 싫증이 나곤 했습니다. 서영이는 그런 마음을 몰라주는 엄마가 야속해

짜증을 부리고 말았습니다.

"엄마, 내 친구들 방은 얼마나 좋은지 알아? 넓은 창도 있고 예쁜 옷장도 있어. 나만 동생이랑 같이 쓴단 말이야. 언제까지 주영이랑 같이 써야 되는 거야?"

"조금만 참아. 넓은 집으로 이사 가면 우리 서영이 방, 제일 예쁘게 꾸며 줄게."

"언제 이사 가는데?"

"곧 갈 거야. 조금만 참아."

"나도 내 방 갖고 싶어. 내 방이 없으니까 공부할 때 집중도 안 되고 책 읽고 싶은 마음도 안 든단 말이야."

서영이 얘기를 들은 아빠는 아빠의 서재를 서영이 방으로 만들어 주기로 했습니다.

"서영아, 아빠는 사무실에 있는 시간이 많으니 서재가 없어도 괜찮아. 말이 나왔으니 오늘 실행에 옮기자. 먼저 서재 정리하는 것을 서영이가 도와주어야겠다."

"네, 아빠."

아빠의 서재엔 별별 것들이 다 있었습니다. 오래되어 색이 바랜 책들, 편지 묶음, 낡은 노트, 잡지 들이 모여 있는 것이 마치 작은 고물상 같았습니다. 그런데 아빠는 그런 것들을 소중하게 다루었습니다.

"아빠, 이 낡은 것들을 왜 버리지 않아요?"

"그건 낡은 것이 아니라 단지 오래되었을 뿐이란다. 정말 오래된 것을 보여 줄까?"

아빠가 내민 것은 열 권도 넘는 우표 수집 책이었습니다.

"와, 이 많은 것들을 언제 모았어요?"

"우리 서영이가 태어나기 훨씬 전부터지."

"정말이요?"

"그럼, 이건 아빠가 중학교 때부터 모은 것들이야."

"아빠가 중학교 때라면 그러니까 지금으로부터……."

"벌써 30년 전이구나."

"30년이요?"

서영이는 믿어지지가 않았습니다. 아빠에게 그런 어린 시절이 있었다는 것이나 눈앞에 있는 우표들을 아빠가 서영이보다 조금 더 큰 소년이었을 때부터 모았다는 것

이 놀라울 뿐이었습니다.

아빠는 호기심 어린 눈으로 옛날 우표들을 보는 서영이에게 한 가지 제안을 했습니다.

"서영아, 아빠 뒤를 이어 네가 우표 수집을 해 볼래? 이거 모두 너에게 주마."

"네? 제가요?"

서영이는 우표들을 차근차근 살펴보았습니다. 동물, 식물, 곤충에서부터 인물, 역사적인 기념일을 담은 우표, 외국의 다양한 우표들을 보고 있자니 시간 가는 줄 몰랐습니다. 오래된 우표들도 많았습니다. 아빠 나이보다도 더 오래된 우표들을 보는 건 신기한 경험이었습니다. 또 작은 우표 속에 담겨 있는 정보가 놀랍도록 다양했습니다. 서영이는 금세 우표의 세계에 흥미를 느끼게 되었습니다.

"아빠, 저 해 볼게요."

"우표 수집을 하려면 미리 공부할 것이 많단다. 자, 여기 한 장짜리 우표는 단편이라 하고 두 장짜리는 페어, 이렇게 20장 이상인 것은 전지라고 하지. 주위에 기념일 문자가 인쇄된 것은 소형 시트라 한단다. 자, 한번 꺼내서 볼까? 핀셋을 이용해야 우표가 상하지 않아. 맨손으로 만지면 땀 때문에 이물질이 묻어서 우표의 가치가 떨어지거든."

서영이는 아빠와 밤이 늦도록 우표에 관한 이야기를 했습니다.

그날 이후로 서영이는 우표 수집에 취미를 붙였습니다. 인터넷 동호회에도 가입했습니다. 우표 수집은 어른들만의 취미가 아니었습니다. 서영이보다 더 어린 아이들도 많았습니다.

아빠는 서영이가 우표 수집하는 데 도움이 되는 많은 것들을 가르쳐 주었습니다. 서영이는 우표 속에 자연, 역사, 문화, 사회 전반에 걸쳐 많은 지식이 담겨 있다는 것을 알게 되었습니다.

이제 서영이는 용돈의 대부분을 우표 수집에 사용하고 있습니다. 한 달에 한 번은 우체국에 가서 새로운 우표가 나왔는지 확인하고 우표를 수집하는 반 친구들과 모임을 만들어 우표에 대한 정보를 나누기도 합니다. 서영이는 우표를 하나하나 공부하면서 과학, 역사, 문화, 예술 방면에 대해 아는 것이 많아졌습니다. 우표에서 얻은 지식 덕분인지 책 읽는 것도 즐거워지고 흥미 있는 과목도 생겼습니다. 서영이는 몇 달 후 열리는 대한민국 우표 전시회에 참석하기로 했습니다. 벌써부터 두근거리는 마음으로 기다리고 있습니다.

 나만의 몰입 습관 만들기

나의 관심사는 무엇인가요? 나의 관심사를 찾고 나만의 시간과 장소를 만들어 보세요. 나만의 몰입 습관을 만들면 몰입의 즐거움이 커진답니다.

1 나의 관심사는 무엇인가요? 평소에 관심 있었던 취미를 찾아보세요.

- ☐ 영화 보기
- ☐ 수영
- ☐ 그림 그리기
- ☐ 악기 연주
- ☐ 사진 찍기
- ☐ 요리
- ☐ 춤
- ☐ 축구
- ☐ 수집
- ☐ 음악 듣기
- ☐ 블로그 꾸미기
- ☐ 여행
- ☐ 기타 (_____)

2 나의 자유 시간은 언제인가요?

_____

3 내가 좋아하는 장소는 어디인가요?

_____

"최민호, 태권도 도장 갈 시간 아니니?"

컴퓨터 게임에 빠져 있는 민호를 향해 엄마가 말했습니다.

"갈 거야."

민호는 모니터에 나와 있는 시각을 확인하고 화들짝 놀랐습니다. 시각은 벌써 3시 30분을 지나고 있었습니다.

'에이, 벌써 시간이 이렇게 됐어?'

민호는 부랴부랴 태권도 도복을 챙겨 현관을 나섰습니다.

"다녀오겠습니다!"

오늘도 민호는 도장에 지각했습니다. 별명이 호랑이 선생님인 관장님은 지각을 자주 하는 민호에게 벌을 주었습니다.

"민호, '나는 지각생이다.'를 엉덩이로 쓴다. 실시!"

민호는 한번만 봐 달라고 애원했지만 선생님은 더 이상 봐 줄 수 없다고 했습니다. 민호는 하는 수 없이 엉덩이로 글자를 썼고 그런 민호를 보는 아이들은 웃음보가 터졌습니다.

"하하하!"

민호는 아이들 앞에서 창피를 당한 것 때문에 집에 돌아오는 내내 기분이 좋지 않았습니다.

"도장에서 무슨 일 있었어?"

엄마는 집에 들어오는 민호의 표정을 살피며 물었습니다.

"아니."

"아니긴, 엄만 척 보면 알아."

"아니라니까!"

민호는 신경질적으로 말하고는 방으로 들어갔습니다.

침대에 눕자 아까 도장에서 있었던 일이 떠올랐습니다.

'에이, 창피해.'

민호는 눈을 감았습니다. 그러자 졸음이 밀려왔습니다.

'한숨 자고 나서 숙제해야지.'

얼마나 잤을까 엄마가 부르는 소리가 들렸습니다.

"민호야! 원빈이한테 전화 왔어."

민호는 졸린 눈으로 거실로 나갔습니다. 수화기를 받자마자 화가 난 원빈이의 목소리가 들려왔습니다.

"아직도 집에 있으면 어떡해?"

"왜?"

민호는 짜증스럽게 말했습니다.

"왜라니? 영화관 앞에서 만나기로 한 거 기억 안 나?"

그 순간 민호는 망치로 뒤통수를 맞은 것 같았습니다.

'아, 맞다! 약속.'

"아까부터 20분째 기다렸단 말야!"

"미안해, 바빠서 그만 깜빡했어."

"됐어! 너랑 말도 하기 싫어!"

그리고는 전화가 끊겼습니다.

민호는 툴툴거리며 방으로 들어갔습니다. 숙제를 하기 위해 책상에 앉자 이런 생각이 들었습니다.

'딱 10분만 게임하고 나서 숙제하자.'

그런데 10분만 하기로 한 게임은 한 시간 동안 이어졌습니다. '이젠 정말 그만 해야지.' 하고 생각했을 때 "저녁 먹어라." 하는 엄마 목소리가 들렸습니다. 민호는 저녁을 먹고 나서 숙제를 하기로 했습니다.

저녁을 먹으니 7시가 막 지나고 있었습니다.

'11시에 자려면 아직 시간이 많잖아. 숙제는 후다닥 하면 되니까 만화책 좀 볼까?'

민호는 만화책 삼매경에 빠졌습니다.

"우헤헤, 정말 웃긴다."

민호가 만화책을 다 보았을 때는 10시가 지나 있었습니다. 숙제를 하기 위해 책상에 앉자 민호는 마음이 조급했습니다. 그런데 졸음이 밀려왔습니다.

'시간이 없으니까, 숙제는 대충하고 자야지.'

다음 날 민호는 학교에 가자마자 영어 숙제부터 해야 했습니다.

"또 숙제 안 했니?"

짝꿍인 희선이가 핀잔을 주었습니다.

쉬는 시간에 복도에서 마주친 원빈이는 단단히 화가 났는지 말도 없이 지나쳤습니다. 민호는 '며칠 지나면 괜찮아지겠지.' 하고 생각하면서도 후회가 되었습니다.

민호는 수업을 마치고 혼자 집으로 걸어오면서 이런 생각이 들었습니다.

'왜 난 매일 시간이 부족할 걸까?'

어제 도장에서 엉덩이로 글자 쓴 일, 지키지 못한 원빈이와의 약속, 오늘 아침에 부랴부랴 했던 영어 숙제 등이 떠올랐습니다. 민호는 매일 반복하는 실수들을 하나둘 떠올리며 고민했습니다.

민호가 풀이 죽은 얼굴로 현관에 들어섰을 때 반가운 목소리가 들렸습니다.

"민호 왔구나."

대학에서 경영학을 가르치는 작은 삼촌이었습니다. 민호는 기운 없는 목소리로 말했습니다.

"작은 삼촌 오셨네요."

민호의 표정을 본 삼촌이 물었습니다.

"네 표정을 보니, 무슨 안 좋은 일이 있었나 보구나. 삼촌한테 말해 주면 안 되겠니?"

"……."

민호는 조금 망설이다가 평소에 따르던 삼촌에게 고민을 털어놓기로 했습니다.

"삼촌, 저는 매일 시간이 부족해요. 어떻게 하면 시간이 부족하지 않을 수 있을까요?"

"허허! 우리 민호에게 시간 도둑이 있나 보구나."

"네? 시간 도둑이요?"

"그래. 민호야, 잠시 여기 앉아 보거라. 시간 도둑을 잡는데 그리 오래 걸리진 않을 테니."

작은 삼촌이 다시 이야기를 꺼냈습니다.

"시간은 모든 사람에게 공평하단다. 하지만 어떻게 쓰느냐에 따라 넉넉하기도 하고 모자라기도 하지. 그렇다면 민호에게 시간이 부족한 원인이 무엇인지 함께 찾아볼까? 민호는 학교에 갔다 와서 주로 무슨 일을 하니?"

민호는 잠시 생각하다가 대답했습니다.

"게임 좀 하다가 태권도 도장이나 학원에 가요."

"그리고?"

"도장에서 돌아오면 컴퓨터 하거나 텔레비전 봐요. 그리고 저녁 먹고 나면 숙제해요. 아, 아니, 숙제하기 전에 만화책 보고 게임해요. 그러고 나서 숙제해요."

작은 삼촌은 너털웃음을 지었습니다.

"허허! 시간 도둑을 잡았구나."

"정말요?"

"시간 도둑은 바로 너란다."

"네? 저요?"

"너에게 시간이 부족한 이유는 가장 중요한 일부터 하지 않고 덜 중요한 일부터 했기 때문이야. 넌 학교에서 돌아온 후 시간이 있을 때 만화책이나 텔레비전을 보고, 게임을 했지. 만일 네가 숙제부터 했다면 어땠을까? 태권도 도장이나 학원에 갔다 와서도 시간이 남지 않았겠니?"

작은 삼촌은 이어서 말했습니다.

"민호야, 가장 먼저 할 일을 정하는 것이 중요하단다. 네가 해야 할 일들의 우선순위를 정하는 거야. 가장 중요한 일부터 중요하지 않은 일까지 순서를 정하고 한 가지 일을 마칠 때마다 하나씩 지우는 거야. 한번 해 보렴. 삼촌의 시간 관리 비법이란다."

"아, 그렇구나."

민호는 곰곰이 생각에 잠겼습니다.

방에 들어간 민호는 우선순위 노트를 만들었습니다. 그리고 우선순위 노트에 그날 해야 할 일 중에서 가장 중요한 일부터 순서대로 적었습니다.

다음 날 민호는 우선순위 노트에 적혀 있는 순서대로 일을 처리했습니다. 꼭 해야 하는 숙제나 준비물 챙기는 일부터 마치고 나서 덜 중요한 일들을 했습니다. 그러자 자연스레 컴퓨터 게임이나 인터넷 서핑 등을 하는 시간이 줄었습니다. 학교 숙제를 안 하는 일도 많이 줄어들었습니다.

그리고 하루가 멀다 하고 하던 지각이 일주일에 한두 번으로 줄더니, 요즘엔 오히려 5분씩 일찍 도착하는 일도 많아졌습니다. 지각 대장 민호는 이제 시간 부자가 되었습니다.

"삶의 우선 순위를 정하라!"
경영 전문가 아이비 리

미국 최고의 철강회사 사장이었던 찰스 슈와브는 회사를 나와 심각한 경영난에 처해 있던 베들레헴 철강회사를 넘겨 받았습니다.

그는 하루 종일 바쁘게 움직였지만 정작 중요한 일은 처리하지 못할 때가 많았습니다.
'왜 매일 시간이 부족할까? 시간이 많으면 더 많은 일을 할 수 있을 텐데……'

찰스 슈와브는 **유능한 경영 전문가 아이비 리**를 찾아가 도움을 청했습니다.
"자네 나를 좀 도와주게나. 우리 회사의 업무 능률을 올리고 싶은데 방법을 모르겠네."
아이비 리는 자신 있게 말했습니다.
"회사의 능률을 50% 이상 개선할 방법이 있습니다."

"여기에 종이 한 장이 있습니다. **날마다 해야 할 일을 여기에 여섯 개씩 메모하세요. 그런 다음 중요도에 따라 번호를 매기고 순서대로 실행하세요.** 하루에 한가지 밖에 하지 못했다고 애석해 할 필요는 없습니다. 가장 중요한 일을 한 것이니까요."

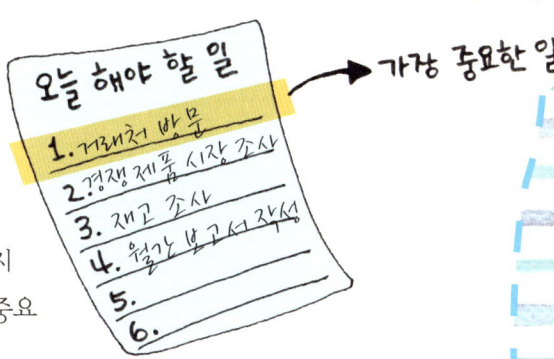

찰스 슈와브는 당장 아이비 리의 아이디어를 업무에 적용했고 놀랍게도 업무 속도가 2배로 빨라졌습니다.

그는 아이비 리에게 감사의 편지와 함께 2만 5천 달러의 수표를 보냈습니다.

찰스 슈와브는 아이비 리의 아이디어를 전 직원에게 적용했고 곧 회사의 능률은 50%나 향상되었습니다.

얼마 후 회사는 적자에서 흑자로 돌아섰고 회사의 규모는 몇 배나 더 성장했습니다.

유나는 화가 잔뜩 나 있었습니다. 그런 유나를 보며 엄마가 물었습니다.

"유나야, 무슨 일 있니?"

유나는 대답 대신 가방을 거실에 내동댕이쳤습니다.

"아이들이 자꾸 꽃돼지라고 놀리잖아."

엄마는 달래듯이 말했습니다.

"친구들이 놀리는 건 너에게 관심이 있기 때문이야."

"아냐, 내가 뚱뚱해서 놀린다는 거 다 알아!"

방에 들어온 유나는 마음이 편하지 않았습니다. 아이들에게 놀림을 당하고서 괜스레 엄마에게 화풀이를 한 것이 죄송했기 때문입니다.

'괜히 엄마한테 신경질 부렸네.'

유나는 공부를 하기 위해 책상 의자에 앉았습니다. 하지만 자꾸만 학교에서 있었던 일이 떠올라 집중이 되지 않았습니다.

그때 책상에 붙어 있는 사진이 눈에 들어왔습니다. 유나는 인기 가수 주리를 좋아했습니다. 작고 예쁜 얼굴, 날씬한 몸매, 긴 다리를 보면 정말 닮고 싶었습니다.

'아, 나도 주리 언니처럼 예쁘면 얼마나 좋을까?'

그때 문득 이런 생각이 스쳤습니다.

'나도 다이어트를 해서 살을 빼는 거야.'

유나는 살을 뺀 자신의 모습을 상상해 보았습니다.

'지금의 모습과는 비교가 안 될 거야. 키가 큰 편이니까 날씬해 보이겠지. 그래, 맞아. 다이어트를 하면 돼.'

유나는 노트에 다이어트 계획을 세웠습니다.

> 다이어트 계획
>
> 하루에 30분씩 운동하기.
>
> 패스트푸드 먹지 않기(치킨, 피자, 햄버거).
>
> 간식 먹지 않기(튀김, 떡볶이, 라면, 과자, 빵).
>
> 반찬 골고루 먹기.

유나는 자신이 세운 다이어트 계획을 보자 기분이 좋아졌습니다. 다이어트에 성공해 날씬하고 예뻐진 모습을 상상하니 웃음이 나왔습니다.

저녁 식사 시간이 되었습니다. 식탁에는 유나가 제일 좋아하는 불고기가 나왔습니다.

김이 모락모락 나는 불고기를 보니 고민이 되었습니다.

'어떡하지? 다이어트하려면 먹어선 안 되는데.'

하지만 곧 '괜찮아, 오늘만 먹고 내일부터 하면 되겠지.' 하는 생각이 들었습니다.

유나는 다음날부터 다이어트 계획을 실천하기로 했습니다. 결국 유나는 불고기와 함께 밥 두 공기를 비웠습니다.

다음날이 되자 유나는 다이어트 계획은 까맣게 잊어버렸습니다.

유나는 여느 때처럼 아침을 푸짐하게 먹고 학교에서 친구들과 군것질을 했습니다. 집에 와서는 엄마를 졸라 치킨을 시켜 먹었습니다.

어느 날 지훈이가 간식을 먹는 유나에게 한 마디 했습니다.

"넌 뭘 믿고 그렇게 몸매가 못됐니?"

"너, 방금 뭐라고 했어?"

"다 알면서 왜 또 물어?"

"뭐야?"

유나는 손톱으로 지훈이를 꼬집었습니다. 그러자 지훈이도 유나의 긴 머리카락을 잡아당겼습니다. 둘이 뒤엉켜 싸우고 있을 때 선생님이 들어왔습니다. 결국 둘은 수업이 끝난 후 남아서 화장실 청소를 해야 했습니다.

유나는 집에 돌아와서도 기분이 좋지 않았습니다. 퇴근한 아빠가 유나를 보고 물었습니다.

"우리 강아지. 기분이 별로인가 보네. 유나야, 아빠는 네 편이야. 무슨 일인지 아빠에게 말해 줄래?"

그러자 엄마도 거들었습니다.

"엄마도 무슨 일인지 궁금하다. 유나야."

유나는 부모님에게 고민을 털어놓기로 했습니다.

"학교에서 아이들이 자꾸 뚱뚱하다고 놀려요."

"그래서 속상하니?"

"네. 나도 살을 빼고 싶은데 잘 안 돼요."

"아빠가 도와줄까?"

"어떻게요?"

"우선 같이 다이어트 계획을 세워 보자."

유나는 전에 세웠던 다이어트 계획이 생각났습니다.

"계획은 전에 세웠어요."

"유나야, 아무리 좋은 계획도 실천하지 않으면 아무 소용이 없는 법이야."

유나는 열심히 다이어트 계획을 세워 놓고 실천하지 않은 자신이 부끄러워졌습니다.

그때 아빠가 말했습니다.

"유나야, 내일부터 아빠랑 저녁마다 30분씩 운동할까?"

"아빠랑?"

그때 엄마가 말했습니다.

"그럼, 엄마도 끼워 주면 안 될까?"

"하하!"

엄마의 말에 유나와 아빠는 동시에 웃었습니다.

유나는 다음날부터 저녁마다 부모님과 함께 근처 공원에서 훌라후프 돌리기와 줄넘기를 시작했습니다.

유나가 가족과 함께 매일 저녁 운동을 한지 한 달 남짓 지났습니

다. 오랜만에 유나를 본 사람들은 깜짝 놀랐습니다. 뿐만 아니라 반 아이들도 하나같이 유나에게 이렇게 물었습니다.

"너, 요즘 다이어트 하니?"

"살이 빠진 것 같은데? 비결이 뭐야?"

유나는 친구들의 관심에 기분이 좋았습니다.

유나는 몰라보게 달라져 있었습니다. 통통하던 볼살이 빠졌을 뿐만 아니라 몸무게도 3킬로그램이나 줄었습니다.

더 이상 체중계 위에 올라가는 것이 두렵지 않았습니다. 오히려 얼마나 줄었을까 하는 기대감 때문에 즐거웠습니다.

'앞으로 5킬로그램은 더 빼야 해. 그러면 주리 언니처럼 예쁘고 날씬해지겠지.'

유나는 날씬하고 예뻐진 자기 모습을 상상했습니다. 그러자 부모님과 함께 하는 저녁 운동 시간이 더욱 기다려졌습니다.

 함께해서 즐거운 계획 세우기

혼자 하는 것보다 함께할 때 더 좋은 일들이 있습니다. 혼자만의 계획을 세우면 지키지 않아도 괜찮다고 생각하기 쉽지요.
이루어야 할 목표가 있다면 먼저 구체적인 계획을 세우고 함께 실천할 사람을 찾아보세요. 혼자 할 때는 몰랐던 즐거움을 발견할 수 있을 거예요.

- 일주일에 세 번 공원에서 30분 운동하기
- 저녁 8시 이후에 간식 먹지 않기
- 하루에 한 번 일기 쓰기

나의 계획	함께 실천할 사람

당당한 리더십 수업

목표설정

두 명의 여행자가 있었습니다. 한 사람은 여행을 떠나기 전에 목적지를 정해 지도를 챙겼고, 다른 한 사람은 목적지도 정하지 않은 채 무작정 떠났습니다. 미리 준비한 사람은 즐거운 여행을 하고 돌아왔지만 준비 없이 무작정 떠난 사람은 헛고생만 하다가 지쳐 집에 왔습니다.

인생도 여행과 마찬가지입니다. 인생의 목표를 제대로 설정한다면 목표를 성취하는 과정 속에서 기쁨을 맛볼 수 있습니다. 목표는 꿈으로 나아가는 징검다리와 같아서 하나씩 목표를 이루어 나가다 보면 언젠가는 반드시 꿈을 이룰 수 있답니다.

몰입

몰입은 한 가지 일에 깊이 빠지는 것을 말합니다. 몰입하게 되면 시간 가는 줄도 모른 채 그 일에만 집중하게 됩니다.

발명왕 에디슨은 전구를 개발할 때 무려 2,000번이나 실패했습니다. 하지만 그는 전구를 개발하는 일에만 몰입하여 결국 성공할 수 있었습니다.

여러분, 리더가 되고 싶은가요? 그렇다면 지금 하는 일에 몰입하세요. 몰입할 때 진정한 일의 의미를 깨닫고 자신의 잠재력을 깨울 수 있기 때문입니다. 몰입은 가슴에 잠들어 있는 잠재력을 깨우는 노크와 같습니다.

시간 관리

세상 모든 사람에게 공평하게 주어지는 것이 있습니다. 바로 시간입니다. 성공하는 삶을 사는 리더들은 시간을 잘 활용합니다. 5분, 10분 같은 자투리 시간도 소중하게 여기고 반드시 가치 있는 일에 시간을 활용합니다. 하지만 시간의 가치를 모르는 사람들은 시간을 물 쓰듯 합니다. 시간은 공짜로 주어지는 것이라고 생각하기 때문입니다.

꿈꾸는 삶을 살기 위해선 시간을 잘 경영할 줄 알아야 합니다. 시간을 잘 경영할 때 자신에게 가장 소중하고 가치 있는 일을 할 수 있기 때문입니다.

실천

'구슬이 서 말이라도 꿰어야 보배.'라는 말이 있습니다. 아무리 구슬이 많아도 꿰지 않으면 보배가 될 수 없다는 뜻으로 실천이 중요하다는 것을 강조한 말입니다. 자신이 원하는 것을 얻기 위해서는 반드시 실천이 필요합니다. 계획과 목표를 세우고 끈기 있게 실천할 수 있도록 노력하세요.

"여기야!"

"오케이, 좋아!"

점심시간 운동장은 공을 차는 아이들의 소리로 시끌벅적했습니다. 인호는 느티나무 아래 벤치에 시무룩하게 앉아 있었습니다. 민규가 인호에게 말을 걸었습니다.

"인호야, 왜 그러고 있니?"

"아니, 그냥."

민규는 평소 친하게 지내던 인호가 다른 때와는 다르다는 것을 알 수 있었습니다.

"혹시 무슨 일 있어?"

인호는 아무 말도 없었습니다. 민규는 인호 옆에 앉아서 가만히 표정을 살폈습니다.

"내 눈은 절대 못 속여. 고민 있으면 형님한테 다 말해 봐."

"뭐, 형님?"

"그래, 내가 너보다 생일이 빠르니까 당연히 형님이지."

민규는 인호의 어깨를 툭 치며 말했습니다.

"너 혹시 애린이 좋아하니? 그것 때문에 이러고 있는 거야?"

"아, 아냐! 그런 거."

"놀라긴, 농담이야."

사실 인호는 누군가와 가슴속에 있는 고민을 나누고 싶었습니다. 그래서 속으로 민규에게 털어놓을까 말까 갈등하고 있었습니다.

'만일 민규가 다른 아이들에게 말하면 어쩌지?'

인호는 다시 민규를 보았습니다.

'아냐, 민규는 그럴 리 없어. 나와 가장 친한 친구잖아.'

인호는 민규에게 고민을 털어 놓기로 마음먹었습니다.

"그게 말야. 어쩌면 우리 부모님 이혼하실지도 몰라."

"정말?"

"응. 어젯밤에 돈 문제로 부모님이 크게 싸우셨어. 그러다 아빠가 엄마에게 이혼하자는 말을 꺼냈어. 엄마도 그러자고 했고……."

그제서야 민규는 인호가 왜 혼자 심각한 표정으로 앉아 있었는지 알 것 같았습니다.

민규는 작년에 부모님이 인호네처럼 크게 다투었던 일을 떠올렸습니다. 그때 민규는 부모님이 정말 이혼하시는 건 아닐까 하는 걱정에 이틀 동안 혼자 고민했지만, 결국 그런 일은 일어나지 않았습니다. 며칠 지나자 부모님은 언제 그랬냐는 듯이 화해했고 집에는 다시 웃음꽃이 피었습니다.

민규는 인호가 걱정하는 것 역시 자신이 느꼈던 불안감과 별반 다르지 않다고 생각했습니다.

인호가 울먹이는 목소리로 물었습니다.

"만일 우리 부모님이 이혼하게 되면 나는 누구랑 살게 될까?"

"너무 걱정하지 마. 절대 그런 일은 일어나지 않을 거야."

"네가 어떻게 알아. 분명히 부모님은 이혼한다고 했는데……."

민규는 인호에게 작년에 있었던 일을 이야기해 주었습니다.

"이건 비밀인데, 사실 나도 일 년 전쯤에 너와 같은 일을 겪었어. 그때 우리 부모님도 헤어지자고 말씀하셨거든. 지금 네 기분이 아마 그때 나와 비슷했을 거야."

민규는 이어서 말했습니다.

"나는 이틀 동안 '부모님이 이혼하시면 어쩌지?' 하는 걱정에 아무 일도 못했어. 학교와 학원에서도 온통 그 걱정뿐이었지. 만일 부모님이 이혼하시면 나는 고아원에 가게 될 거라는 생각에 잠도 잘 못 잘 정도였어."

"그랬구나."

"하지만 그런 일은 일어나지 않았어. 며칠 지나자 아빠와 엄마는 거짓말처럼 사이좋게 지내시더라고. 며칠 동안 나만 괜히 걱정하고 고민했던 거야. 히히."

인호가 말했습니다.

"하지만 우리 부모님은 너희 부모님과 다르잖아. 분명히 헤어지

실 거야."

"아냐, 그런 일은 일어나지 않을 거야. 부모님들은 싸울 때 홧김에 그런 말을 하기도 하거든."

인호는 민규의 말에 조금 위안이 되었습니다.

"정말 그럴까? 그랬으면 좋겠어."

"그래, 어쩌면 두 분은 벌써 화해하셨을 지도 몰라."

"민규야, 네 말 들으니 기분이 한결 나아졌어. 고마워."

"그래? 다행이다. 사실 나도 한 가지 고민이 있어."

인호는 뜻밖이라는 표정을 지었습니다.

"어떤 고민인데?"

"아무에게도 말하지 않기야."

"응, 알았어."

민규는 수줍게 말했습니다.

"사실, 나 엉덩이에 커다란 점이 있거든."

인호는 민규의 말에 터져 나오는 웃음을 간신히 참았습니다.

"그래서 목욕탕 갈 때가 가장 힘들어. 그래서 늘 혼자 목욕탕에 가."

인호는 민규의 엉덩이에 나 있는 점을 상상했습니다. 그러자 웃음이 터져 나왔습니다.

"으하하. 난 네게 그런 고민이 있는 줄은 상상도 못했어."

"너 자꾸 웃을 거야?"

"알았어. 안 웃을게."

"목욕탕 갈 때마다 얼마나 괴로운데. 목욕탕에 들어갔다가 아는 사람이라도 있으면 도망치듯 나와야 하는 내 마음을 넌 몰라."

순간 인호는 좋은 생각이 떠올랐습니다. 인호가 말했습니다.

"민규야, 앞으로 목욕탕에 갈 때 나랑 같이 가는 거 어때?"

"우리 둘이?"

"응, 그러면 등도 서로 밀어 줄 수 있잖아."

"좋아! 그러면 이번 주 일요일 어때?"

인호는 민규에게 고민을 털어놓고 나서 왠지 모르게 기분이 좋아졌습니다. 민규도 마찬가지였습니다. 교실로 향하는 두 아이의 발걸음은 가볍기만 했습니다.

"마음을 움직이는 힘"
정치가 장 크레티앙

'시골 호박'이라는 별명을 가진 장 크레티앙 전 캐나다 총리는 **가난한 집안의 19형제** 가운데 열여덟 번째로 태어났습니다.

그는 **선천적으로 한 쪽 귀가 들리지** 않았고, 안면 근육 마비로 입이 비뚤어져 발음도 어눌했습니다.

그러나 장 크레티앙은 **장애를 비관하지 않고 도전**하여 스물아홉 살의 나이에 하원의 원이 되었습니다. 여기 그치지 않고 1993년 총리가 된 이래 세 번이나 총리에 임명되었습니다.

하지만 그의 신체장애는 종종 **정치 만화가의 풍자 대상**이 되었습니다. 뿐만 아니라 작은 사건도 크게 부풀려져 호기심의 대상이 되기 일쑤였습니다.

언젠가 그는 선거 유세 중에 이렇게 말했습니다.
"여러분, 저는 제가 가진 언어 장애 때문에 제 생각과 의지를 전부 전하지 못할까봐 두렵습니다. 인내심을 가지고 저의 말에 귀 기울여 주십시오. 저의 어눌한 발음이 아니라 그 속에 담긴 저의 **생각과 의지**를 들어 주셨으면 합니다."

"하지만 한 나라를 대표하는 총리에게 언어 장애가 있다는 것은 치명적인 결점입니다!"

그러자 그는 어눌하지만 단호한 목소리로 말했습니다.
"나는 말은 잘 못하지만 거짓말은 안 합니다."

장 크레티앙은 자신의 **장애를 부끄럽게 생각하지 않고** 사람들 앞에 솔직히 인정함으로 오히려 많은 국민들의 지지를 받을 수 있었습니다.

체육 시간이었습니다. 그날은 민우가 제일 싫어하는 뜀틀 넘기를 했습니다. 소아마비로 한쪽 다리가 짧은 민우에게 뜀틀은 넘을 수 없는 장애물이었습니다.

선생님은 아이들에게 뜀틀을 뛰는 요령에 대해 설명해 주었습니다.

"뜀틀 넘기는 아주 쉬운 동작이지만 요령이 중요해요. 전속력으로 구름판까지 뛰어가서 양발로 힘껏 구름판을 차야 해요. 그리고 몸이 공중으로 떠오를 때 두 손으로 뜀틀을 짚으면 되죠. 이때 어깨나 상체가 밀리지 않도록 고개를 들어야 해요."

민우는 어두운 표정으로 선생님의 설명을 듣고 있었습니다.

선생님은 덧붙여서 말했습니다.

"뜀틀은 살아가면서 우리가 겪게 되는 시련과 같아요. 시련은 피할수록 더욱 극복하기 힘들어지죠. 뜀틀도 마찬가지예요. 할 수 있다는 긍정적인 생각과 태도를 가지면 누구나 거뜬히 넘을 수 있어요. 잘 알겠죠?"

"예!"

아이들은 힘차게 대답했습니다.

아이들은 선생님의 지시에 따라 한 줄로 서서 차례차례 뜀틀을 넘었습니다. 성태와 진우, 효진이, 민수가 뜀틀을 거뜬히 넘었습니

다. 기철이도 별 어려움 없이 뜀틀을 넘었습니다. 다른 아이들이 쉽게 뜀틀을 넘는 모습을 보자 민우는 더욱 움츠러들었습니다. 예전 기억이 떠올랐기 때문입니다.

민우가 뜀틀 넘기를 두려워하게 된 것은 작년 가을 운동회에서 있었던 일 때문이었습니다. 민우는 뛸 순서가 되었을 때 두려움 때문에 뜀틀 앞에 멈추고 말았습니다. 하지만 부모님과 많은 사람들이 지켜보고 있었기 때문에 뜀틀 넘기를 포기할 순 없었습니다. 민우는 마음을 굳게 먹고 다시 뛰었지만 몸이 불편한 탓에 뜀틀 위에 앉아 버려 우스운 모습이 되고 말았습니다. 사람들은 그런 민우를 보고 하나둘 웃음을 터뜨렸습니다. 다행히 선생님이 다가와 민우를 뜀틀에서 내려 주면서 웃음소리는 잠잠해졌습니다.

이제 민우의 차례가 되었습니다. 민우는 뜀틀이 거대한 산처럼 느껴졌습니다. 도저히 넘을 수 없을 것 같았습니다.

"뭐해? 얼른 가."

뒤에서 미진이가 재촉했습니다.

"아, 알았어."

민우는 용기를 내어 뜀틀을 향해 달렸습니다. 그러나 한쪽 다리를 절었기 때문에 속력을 낼 수 없었습니다. 민우는 자기도 모르게 또다시 뜀틀 앞에서 멈추고 말았습니다. 괜스레 뛰었다가 작년 가을 운동회 때처럼 뜀틀 위에 앉게 되는 건 아닐까 두려웠습니다.

아이들 시선이 민우에게 집중되었습니다. 주저하는 민우를 보며 안타까워하는 아이들도 있었지만, 호기심 가득한 시선으로 바라보는 아이들도 많았습니다.

민우가 울먹이며 선생님에게 말했습니다.

"선생님, 전 못하겠어요."

"민우야, 넌 할 수 있어. 눈 꼭 감고 넘어 봐."

그때 기철이가 민우에게 다가왔습니다. 누구보다 민우의 마음을 잘 아는 기철이는 이번만큼은 민우가 아이들 앞에서 보란 듯이 뜀틀을 넘기를 바랐습니다.

기철이가 민우에게 말했습니다.

"민우야, 넌 할 수 있어. 난 믿어."

"난 못해."

기철이는 민우 곁으로 다가왔습니다.

"자, 앞에 뜀틀 보이지?"

"응."

"그냥 보기에는 뜀틀이 높아 보이지만 사실은 아무것도 아니야."

"……."

"뜀틀을 향해 뛰다가 뜀틀 앞에 있는 구름판을 발로 힘껏 차는 거야. 몸이 뛰어오를 때 힘껏 양손으로 뜀틀을 짚어 봐. 뜀틀이 높지 않아서 구름판만 잘 굴러도 넘을 수 있어. 생각만큼 어렵지 않아."

기철이는 민우에게 윙크하며 말했습니다.

"넌 할 수 있어. 난 널 믿어."

민우는 기철이의 말에 어쩌면 자신도 할 수 있을지 모른다는 생각이 들었습니다. 그리고 이내 용기가 생겼습니다.

민우는 뜀틀을 향해 천천히 뛰었습니다. 그리고 뜀틀 앞에 다다랐을 때 힘껏 구름판을 밟았습니다. 그러자 정말 기철이의 말대로 몸이 공중으로 떠올랐습니다. 민우는 재빨리 양손으로 뜀틀을 짚었습니다.

뜀틀을 넘은 민우는 스스로도 믿기지 않았습니다. 민우는 어리둥절한 표정으로 아이들을 바라보았습니다.

그때 선생님이 박수를 쳤습니다.

"민우야, 정말 잘했다."

기철이도 뜀틀을 무사히 넘은 민우가 자랑스러웠습니다.

민우는 자신에게 용기를 갖게 해 준 기철이가 너무도 고마웠습니다. 민우는 마음속으로 말했습니다.

'기철아, 다 네 덕분이야. 정말 고마워.'

긍정적인 생각이 나를 바꾼다

시작하기 전에 겁먹고 미리 포기한 적 없나요? 안 될 거라고 생각하고 시도도 하지 않는다면 아무것도 이룰 수 없을 거예요. 자신을 믿고 도전해 보세요. 나를 바꾸는 힘은 내 안에 있답니다.

> 내가 생각하는 나의 모습과 다른 사람들이 생각하는 나의 모습에서 긍정적인 모습을 찾아보세요.
> 긍정의 눈으로 바라본 나의 모습은 어떤가요?

친절한	부지런한	똑똑한	절약하는
멋진	열정적인	용감한	외향적인
특이한	활동적인	총명한	소심한
이국적인	모험적인	경쟁심 강한	상냥한
특별한	사랑스러운	꼼꼼한	다정한
친근한	경쾌한	자신 있는	절약하는
사려깊은	붙임성 있는	호기심 있는	웃기는
명랑한	활기찬	귀여운	재미있는
침착한	매력적인	세심한	착한
예의바른	마음이 넓은	꿈 많은	내성적인
진지한	대담한	느긋한	민첩한

"형준아, 여기야!"

"바보야! 그리로 차면 어떡하니?"

"미안해. 상대 수비수가 가로막아서……."

점심시간에 1반과 3반의 축구 시합이 벌어졌습니다. 2대 2로 비기고 있었습니다. 이번 축구 시합에 반의 자존심이 걸려 있는 터라 신경전이 대단했습니다. 특히 여자 아이들이 응원하기 때문에 선수들은 멋진 모습을 보여 주기 위해 애쓰고 있었습니다.

'저기 예진이도 있잖아. 꼭 이겨야지.'

평소 형준이가 짝사랑하던 예진이의 모습도 보였습니다. 형준이는 반드시 예진이가 보는 가운데 멋지게 골을 넣고 싶었습니다. 하지만 이런 바람과는 달리 뜻대로 되지 않았습니다. 골문 앞에서 좋은 찬스를 잡으면 상대편 수비수가 태클을 걸거나 두세 명의 수비수에 에워싸여 공을 빼앗기곤 했습니다. 이제 시간은 10분밖에 남지 않았습니다.

'10분 안에 반드시 골을 넣어야 해. 지는 모습을 예진이에게 보여줄 순 없어.'

이런 생각을 하고 있을 때 준호의 목소리가 들렸습니다.

"형준아, 앞으로 나가. 패스해 줄게."

"응."

형준이는 상대편의 수비수가 없는 쪽을 향해 앞으로 나아갔습니다. 예상대로 상대편의 수비수는 이런 형준이의 생각을 눈치채지 못했습니다. 준호는 형준이에게 짧고 빠르게 패스했습니다. 형준이는 골문 앞까지 공을 드리블해 가며 기회를 엿보았습니다. 아직 상대편 수비수들은 형준이와 조금 떨어져 있었습니다. 형준이는 골키퍼와 일대일 상황이 되었습니다.

'꼭 넣고 말 테다!'

형준이는 골키퍼를 노려보며 호흡을 가다듬었습니다. 자신을 지켜보며 가슴 졸이는 아이들의 모습이 떠올랐습니다. 그 중에 예진이도 있었습니다. 그러자 더욱 가슴이 떨려왔습니다.

너무나 긴장한 나머지 형준이는 결국 헛발질을 하고 말았습니다. 형준이도, 그런 상황을 예상하지 못한 상대편 골키퍼도 어리둥절했습니다.

형준이가 골을 넣어 3대 2로 이길 거라고 생각했던 1반 아이들에게서 함성 대신 아쉬운 탄성이 나왔습니다. 경기를 응원하고 있던 여자 아이들도 마찬가지였습니다.

준호와 승민이가 달려왔습니다.

"니, 바보니? 그 상황에서 왜 헛발질을 하고 그래?"

"너 때문에 졌어. 너 때문에!"

"앞으로 축구 하지 마! 창피하지도 않냐!"

모두들 형준이에게 한마디씩 했습니다. 친구들이 한마디 할 때마다 형준이는 마치 가슴에 화살이 꽂히는 것 같았습니다.

"정말 미안해."

형준이는 기어들어가는 목소리로 말했습니다. 쥐구멍이라도 있다면 얼른 숨고 싶은 심정이었습니다.

'예진이도 다 봤을 텐데, 나를 어떻게 생각할까? 골문 앞에서 헛발질하는 바보는 나밖에 없을 거야.'

경기 종료 시간까지 얼마 남지 않은 상황에서 찬스를 놓치자 모두들 기가 죽은 표정이었습니다.

형준이가 정신을 차렸을 때 이미 공은 상대편에게로 넘어가 있었습니다. 팀이 자신감을 잃은 상태여서 상대편 공격수는 쉽게 페널티 지점까지 들어왔습니다. 형준이는 어떻게든 상대편의 공격을 막아야 한다고 생각했습니다.

모두들 망연자실한 모습으로 상대편 공격수를 지켜보고 있었습니다. 하지만 형준이는 끝까지 공격수를 향해 뛰었습니다. 그때 승민이가 그런 형준이를 보며 비아냥거렸습니다.

"소 잃고 외양간 고치냐!"

"역전할 수도 있었는데, 너 때문에 졌어!"

형준이는 찬스를 살리지 못한 자신의 책임이 크다는 것을 잘 알기에 아무런 말도 할 수 없었습니다.

형준이가 묵묵히 상대편 공격수 쪽으로 뛰어갔을 때 공은 이미 골문을 향해 날아가고 있었습니다. 그리고 공은 보기 좋게 오른쪽 골문에 꽂혔습니다.

3반 아이들은 서로 얼싸안으며 환호했습니다.

"야호! 3대 2로 이겼어!"

"1반은 우리의 적수가 안 돼."

"당연하지, 헛발질하는 애들이잖아. 하하."

형준이는 3반 아이들이 기뻐하는 모습을 보자 더욱 마음이 아팠습니다. 자신이 헛발질만 안 했더라면 역전할 수 있었을 거라는 생각으로 머릿속이 꽉 찼습니다.

'모두 내 탓이야.'

형준이는 고개를 푹 숙인 채 말없이 걸어갔습니다.

승민이는 화가 풀리지 않는지 형준이를 뒤따라와 큰 소리로 말했습니다.

"아까 골문 앞에서 헛발질은 왜 한 거야? 수비수도 없고 그냥 차면 됐는데."

"미안해."

"앞으로 너랑 축구하면 사람도 아니다!"

그때 누군가 승민이 어깨를 툭 쳤습니다. 같은 반 민호였습니다.

"승민아, 그만해. 지금 누구보다 형준이가 더 괴로울 거야. 그리고 미안하다고 사과했잖아."

"아까 형준이가 그 골만 넣었으면……."

승민이는 갑자기 얘기를 멈추었습니다. 고개를 숙이고 서 있는 형준이의 얼굴에 눈물이 흐르고 있었기 때문입니다.

그제야 승민이는 시합의 결과에만 집착한 나머지 형준이의 마음

은 생각하지 못했다는 것을 깨달았습니다.

'평소에 나를 가장 잘 이해해 주는 친구에게 내가 무슨 짓을 한 거지?'

민호가 말했습니다.

"누구나 실수할 수 있어. 나도 그렇고, 승민이 너도 그래. 비록 축구 시합에는 졌지만 모두들 최선을 다했잖아. 그걸로 만족하자."

승민이도 이때다 싶어 말했습니다.

"맞아. 내가 너무 시합 결과에만 집착한 거 같아. 누구보다 형준이는 열심히 뛰었어. 그걸 까맣게 잊고 있었어."

승민이는 형준이의 손을 꽉 잡았습니다.

"대신 다음에는 꼭 이기자."

이 말에 형준이는 활짝 웃었습니다.

"승민아, 정말 고마워."

"울다 웃으면 어떻게 되는지 알지?"

이 말에 세 사람은 동시에 웃음을 터뜨렸습니다. 교실을 향해 걸어가면서 형준이는 자신을 이해해 주는 두 친구가 너무도 고마웠습니다.

"다른 사람을 먼저 생각하라"
고고학자 최순우

고고미술학자이자 미술평론가 최순우는 한국 전통 미술의 체계를 세우고 그 가치와 아름다움을 세계에 널리 알렸습니다.

그 분은 항상 자기 자신보다 다른 사람을 위하셨습니다.

그 분은 정말 천사와 다름없는 양반이었지요.

주위의 사람들은 하나같이 그를 배려심이 가득한 사람으로 기억했습니다.

어느 해 여름, 최순우는 친구들과 계룡산 계곡으로 놀러갔습니다. 최순우와 친구들은 시원한 물속에 뛰어들어 물장난을 치기 시작했습니다.

얼마 후 한 친구가 주위를 둘러보며 말했습니다.
"어, 이상하네. 순우가 보이지 않아."
친구들은 물놀이를 멈추고 최순우를 찾아보았습니다.

잠시 후 최순우을 발견한 친구들은 깜짝 놀랐습니다. 그는 깨진 유리 조각을 한 움큼 쥐고 있었습니다. 다른 사람들이 물놀이에 정신이 없는 동안 그는 물속에서 깨진 유리 조각을 줍는데 여념이 없었던 것입니다.

최순우는 쑥스러워 하며 말했습니다.
"혹시라도 너희들이 발을 다칠까봐 걱정이 되어서 말야."
그러자 친구들이 한목소리로 말했습니다.
"우리도 같이 줍자."
친구들은 최순우의 행동에서 남을 배려하는 따뜻한 마음을 느낄 수 있었습니다.

준수는 오늘 정말 학교에 가기 싫었습니다. 치아를 교정하느라 교정기를 꼈기 때문입니다. 거울 속의 치아 교정기를 낀 얼굴이 낯설고 흉하게 보였습니다.

'아이들이 놀리면 어떡하지?'

하지만 교정을 마친 후에 가지런해진 치아 모습을 상상하자 기분이 좋아졌습니다. 그동안 반 아이들로부터 덧니라고 놀림을 당해 왔기 때문입니다. 아이들이 놀릴 때마다 준수는 부끄러운 나머지 쥐구멍에라도 숨고 싶었습니다.

준수는 입술을 꼭 다문 채 교실로 들어섰습니다. 그때 순지가 다가왔습니다.

"준수야, 영어 숙제 했니?"

준수는 치아 교정기를 꼈다는 사실을 잊은 채 대답했습니다.

"당연히 했지. 히히."

순지는 깜짝 놀란 표정으로 물었습니다.

"어머, 이빨에 그게 뭐니?"

"치, 치아 교정기."

준수는 더듬거리며 대답했습니다.

그러자 다른 아이늘이 구경하기 위해 몰려왔습니다. 희상이가 낄낄대며 말했습니다.

"치아 교정하냐? 난 덧니가 매력적이던데."

대현이도 큰 소리로 놀려댔습니다.

"얘들아, 준수 좀 봐. 이빨 괴물 됐어. 하하하."

다른 애들도 하나둘 준수를 이빨 괴물이라며 놀렸습니다. 준수는 얼굴이 발갛게 상기된 채 책상 위에 엎드렸습니다.

'내일부터는 교정기 안 낄 거야!'

준수는 교정기를 끼고 학교에 온 자신의 행동을 후회했습니다.

몇몇 아이들은 책상 위에 엎드려 있는 준수를 보고 미안한 표정으로 제자리로 돌아갔습니다. 그러나 희상이와 대현이는 계속해서 놀렸습니다.

대현이가 말했습니다.

"계집애처럼 책상 위에 엎드리는 건 또 뭐야?"

희상이도 맞장구쳤습니다.

"그러면 앞으로 덧니 못 보는 거야? 히히."

그때 준수의 짝꿍인 아린이가 자리에서 일어났습니다. 아린이는 화가 난 목소리로 말했습니다.

"너희들 그만해! 지금 준수가 힘들어 하는 거 안 보이니?"

대현이가 아린이에게 따졌습니다.

"네가 무슨 상관이야?"

"꼭 상관이 있어야 하는 거니? 너희들이 준수 입장이라면 지금 기분이 어떨 것 같니?"

다른 아이들도 아린이의 말에 맞장구치기 시작했습니다.

그러자 희상이와 대현이는 더듬거리며 변명했습니다.

"누, 누가 놀렸다고 그래."

"맞아. 우린 그냥, 준수가 교정기 한 게 웃겨서 웃은 것 뿐이야."

그때 반장 효진이가 다가왔습니다.

"내 생각에도 아린이 말이 옳아. 너희들 너무 심했어."

다른 아이들 시선이 일제히 희상이와 대현이를 향했습니다.

"아, 알았어. 미안해."

준수는 자신을 위해 희상이와 대현이 코를 납작하게 해 준 아린이가 고마웠습니다.

집에 돌아온 준수는 치아 교정기를 뺐습니다. 거울을 보자 예전의 자기 모습 그대로였습니다. 덧니는 그대로였지만 그래도 아이들에게 이빨 괴물이라는 말을 듣는 것보다 나았습니다.

그런데 낮에 학교에서 있었던 일이 떠올랐습니다. 자신의 마음을 배려해 주었던 아린이와 효진이를 생각하자 용기가 생겼습니다. 준수는 책상 서랍 속에 넣어 둔 치아 교정기를 다시 껴 보았습니다. 거울을 보니 아까와는 달리 그다지 흉해 보이지 않았습니다. 준수는 내일 아침에 당당하게 교실에 들어서는 자신을 떠올리며 웃음 지었습니다.

남에게 대접을 받고자 하는 대로 남을 대접하라

황금률(Golden Rule)이라는 말을 들어 보았나요? '네가 남에게 바라는 대로 남에게 해 주라'는 뜻입니다. 17세기부터 사용된 표현으로 그 기원은 정확히 알 수 없으나, 3세기의 로마 황제 세베루스 알렉산데르가 이 문장을 금으로 써서 거실 벽에 붙인 데에서 유래한 것으로 알려져 있습니다.

다음은 여러 종교에서 이야기하는 황금률의 원칙입니다. 다른 사람의 입장을 배려하는 태도의 중요성은 어느 종교에서나 강조하는 기본적인 원칙이라는 것을 알 수 있습니다.

- 자기가 하고자 하지 않는 것은 남에게도 강요하지 말라. – 논어
- 그러므로 무엇이든지 남에게 대접을 받고자 하는 대로 너희도 남을 대접하라. – 기독교
- 너에게 해가 되는 것이라면 남에게도 하지 마라. – 불교
- 네가 싫어하는 것을 남에게 하지 마라. – 유대교
- 아무도 해치지 마라. 그러면 아무도 너를 해치지 않을 것이다. – 이슬람교
- 다른 사람에게 고통을 주는 것은 어떤 것도 하지 마라. – 힌두교

간단한 한 문장이지만 이를 지키는 건 쉬운 일이 아닙니다. 하지만 내가 대접받고 싶은 대로 남에게 해 주라는 황금률의 원칙을 기억한다면 세상은 보다 살기 좋은 곳이 되지 않을까요?

1 다른 사람이 나의 입장을 배려하지 않아 힘들었던 경험이 있나요?

2 그럴 때 나의 기분은 어땠나요?

당당한 리더십 수업

솔직함

사람들의 공감을 얻기 위해서는 솔직해야 합니다. 가식 없는 솔직함 속에는 마음의 문을 여는 마법이 있기 때문입니다.

자신에게 어떤 고민이나 단점이 있는지 털어 놓고 상대방을 솔직하게 대해 보세요. 상대방 역시 자신을 솔직하게 대하는 것을 느낄 수 있을 것입니다. 상대방을 가식적으로 대하게 되면 상대방 역시 나를 가식적으로 대하게 되지요.

여러분, 사람들의 마음을 얻는 비결은 솔직함이라는 것을 잊지 마세요.

긍정의 힘

긍정적은 마음은 불가능을 가능하게 합니다. 성공한 사람들이나 진정한 리더들은 하나같이 긍정적인 생각과 태도를 지니고 있습니다. 그들은 어떤 계획이나 목표를 향해 나아가다가 난관에 부딪쳐도 절대 좌절하지 않고, 오히려 긍정적인 생각과 태도로 극복하려고 노력합니다. 긍정의 힘을 믿는 사람은 실수나 실패도 고맙게 여깁니다. 더 큰 성공을 위한 연습이기 때문입니다.

긍정적인 생각을 가져 보세요. 그동안 힘들고 불가능하게만 느껴졌던 일들이 그다지 어렵지 않다는 것을 알게 될 거예요.

배려

사람은 누구나 실수를 통해 더 나아지고 성숙해집니다.
따라서 진정한 리더는 잘못을 들춰 가며 야단치고 질책하기보다
이해하고 용서합니다. 이해와 용서야말로 스스로 잘못을 깨닫게 하고
뉘우치게 하기 때문입니다. 누군가 실수를 했을 때 이렇게 생각해 보세요.
'나도 종종 실수를 저지르잖아.'
'내가 나무라지 않아도 스스로 힘들 거야.'
상대방은 자신의 실수를 인정하고 앞으로 더욱 잘하려고 노력하게 될 거예요.

존중

여러분 주위에도 자신과 다른 사람을 놀리는 아이들이 있을 것입니다.
자신과 다른 타인의 모습을 이해하고 존중할 줄 모르기 때문입니다.
사람은 누구나 콤플렉스를 가지고 있습니다. 작은 키, 비만, 외모, 장애 등 다양한 콤플렉스가 있습니다. 이런 콤플렉스를 가진 친구를
놀리지 말고 나와 다른 상대방의 모습을 존중해 주세요.
그 사람만의 개성으로 여기고 상대방의 있는 모습 그대로를 인정하고
존중한다면 아름다운 관계를 만들어 갈 수 있답니다.

말썽꾸러기 탈출 작전 넷, 주위를 돌아보기

고물 장수 로봇대장
이름 : 성도
특기 : 멀쩡한 물건 고장 내기
"뚝딱뚝딱 만들기가 젤 좋아."
목표 : 열등감 탈출하기

스타가 되고 싶어
이름 : 리애
특기 : 연예인 따라하기
"나도 유명해질 거야."
목표 : 허영심 탈출하기

욕심쟁이 탈출하기

진정한 용기란

친구가 새로 산 예쁜 머리핀이나 액세서리를 자랑하면 정말 탐이 나고 갖고 싶어져요. 그래서 예쁜 걸 보면 나도 똑같은 걸 사고 싶을 때가 많아요. 왜 이런 마음이 생길까요?

체육 시간이 끝나고 은지가 교실로 돌아왔을 때의 일입니다. 교실엔 이미 몇몇 아이들이 옷을 갈아입고 있었습니다. 은지는 감기 탓인지 머리가 너무 아파 그냥 자리에 풀썩 주저앉았습니다. 책상 위에 고개를 숙이던 은지는 저만큼 떨어진 곳에서 반짝이는 물건 하나를 발견했습니다.

그것은 상미가 가장 아끼는 머리띠였습니다. 프랑스에 있는 상미 고모가 보내 준 것이라고 했습니다. 은지는 머리띠를 집어 들었습니다. 머리띠에 박혀 있는 크고 작은 보석들이 햇빛을 받아 눈이 부셨습니다. 은지는 주위를 둘러보았습니다. 이런 은지를 보는 아이들은 아무도 없었습니다. 순간 은지는 체육복을 벗어 머리띠와 함께 가방에 쑤셔 넣었습니다. 가슴이 두근두근 방망이질을 해댔습니다. 심장이 쿵쾅쿵쾅, 어찌나 세게 울리는지 귀에 들릴 정도였습니다.

'은지야, 그러면 안 돼.'

마음속에서 누군가 속삭였습니다.

'어서 돌려줘. 그건 네 것이 아니야.'

그러나 은지는 고개를 숙이고 가만히 앉아 있었습니다. 얼굴이 달아올라 고개를 들 수가 없었습니다.

은지는 생각했습니다.

'머리띠는 땅에 떨어져 있었을 뿐이야. 그러니까 훔친 것이 아니야. 난 주웠을 뿐이라고!'

그 사이 아이들이 하나 둘씩 들어와 교실은 왁자지껄 난장판이 되었습니다. 그리고 그 아이들 속에는 상미도 끼어 있었습니다. 상미는 앞자리의 민정이와 장난을 치고 있었습니다. 은지는 무심한 척 애를 썼지만 눈은 자꾸만 상미에게로 향했습니다.

'난 도둑질한 것이 아니야. 정말이야. 주운 것과 훔친 것은 달라.'

은지는 화장실에 가고 싶었지만 꾹 참았습니다. 화장실에 간 사이 누군가 체육복을 들추고 감추어 놓은 머리띠를 찾아 낼 것만 같

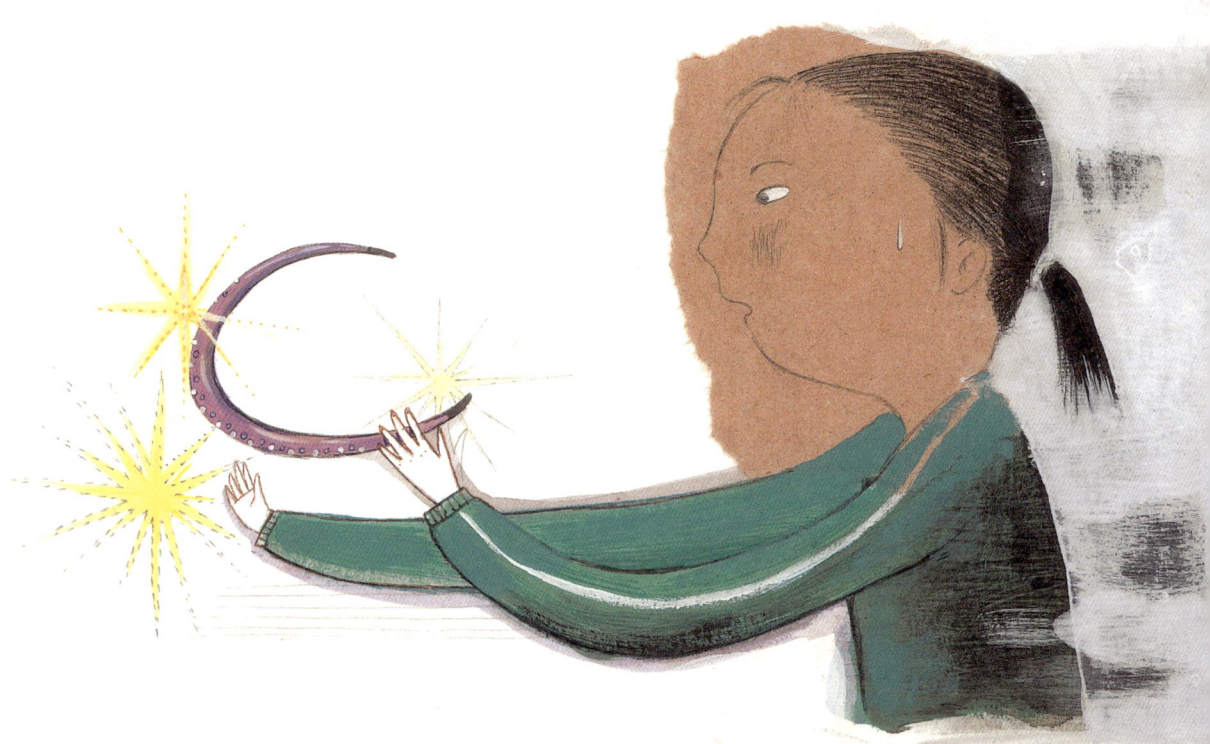

았습니다.

'내가 무슨 짓을 한 거지? 이건 훔친 거나 다름없어. 난 나쁜 아이야. 돌려주어야 해.'

은지는 머리띠를 돌려주기로 결심했습니다.

'잘 생각했어. 돌려주자. 늦기 전에 어서.'

은지가 체육복 사이로 손을 집어넣는 순간, 선생님이 들어왔습니다.

"자, 조용히들 하세요. 수업 시작하겠어요. 반장!"

"차렷! 경례!"

곧바로 수업이 시작되었습니다.

'수업이 끝나면 줄 거야. 바로 돌려주는 거야.'

수업 시간 내내 은지는 선생님이 하는 이야기가 들리지 않았습니다. 머릿속엔 온통 머리띠를 집어넣는 것을 혹시 누가 보지는 않았을까 하는 걱정뿐이었습니다. 은지는 곁눈질로 앉아 있는 상미를 흘끔흘끔 쳐다보았습니다. 그러나 상미는 선생님 말씀에 귀를 기울여 집중하고 있었습니다.

은지는 점점 걱정이 되기 시작했습니다.

'어떻게 돌려줄까? 뭐라고 말하면서 돌려줄까?'

좋은 생각이 떠오르지 않았습니다. 그런데 갑자기 상미의 움직

임이 빨라졌습니다. 상미가 가방을 들어 무언가를 찾기 시작했습니다. 구석구석 가방을 뒤적이던 상미는 책상 밑으로 고개를 숙여 다시 손을 휘저었습니다. 그러더니 갑자기 여기저기 교실 바닥을 두리번거렸습니다. 갑자기 몸을 이리저리 움직이는 상미를 발견한 선생님이 한마디 하셨습니다.

"윤상미, 왜 그래?"

"……."

"왜 그러냐니까? 뭐 찾니?"

"아니에요, 선생님."

그러면서도 상미는 찾는 것을 멈추지 않았습니다. 은지는 불안해지기 시작했습니다.

'어쩌지? 머리띠를 잃어버렸다는 것을 선생님이 알면 가만 계시지 않을 텐데. 비싼 거라 누가 훔쳐 갔을지 모른다고 생각해서 가방 검사라도 한다면? 그땐 어떡하지?'

은지는 자기 가방에서 나온 머리띠를 발견한 아이들이 놀라는 모습을 상상했습니다. 아이들이 둘러싼 가운데 얼굴을 들지 못하고 있는 자신의 모습이 보였습니다. 은지는 고개를 저었습니다.

'내가 잘못했어. 그때 바로 돌려주어야 했어.'

은지는 그제야 후회가 되었습니다. 그러나 소용없는 일이었습니다. 이젠 어떻게 돌려주어야 할지 그것만을 생각해야 했습니다. 머리띠를 은지에게 무사히 돌려주는 것도 쉬운 일이 아니었습니다.

'가방에서 머리띠를 꺼내는 것을 만약 짝꿍이나 다른 아이가 본다면 그때는 어떻게 하지?'

은지는 울고 싶어졌습니다. 그러는 사이 수업이 끝났음을 알리는 종소리가 울렸습니다. 오늘따라 그 소리가 어찌나 큰지 은지는 깜짝 놀랐습니다. 이제 은지는 머리띠를 가방에서 꺼내려고 했습니다. 손을 가방 속으로 넣었지만 머리띠는 손에 잡히지 않았습니다. 은지는 상미의 태도를 살폈습니다. 상미가 밖으로 나가는 것이 보였습니다. 은지의 짝 정하도 자리를 떴습니다.

은지는 가방을 들어 무릎 위에 올려놓았습니다. 그리고 체육복을 꺼냈습니다. 아무렇게나 구겨진 체육복 사이로 머리띠가 보였습니다. 은지는 주위를 살폈습니다. 아이들이 자기 일을 하느라 정신이 없는 사이 은지는 머리띠를 꺼내 책상 위에 올려놓았습니다.

은지는 한숨을 쉬었습니다. 그리고 스스로에게 말했습니다.

'은지야, 잘했어. 너의 용기에 박수를 보낸다.'

상미가 제자리로 돌아오는 것이 보였습니다. 은지는 상미에게 다가갔습니다.

"상미야, 여기 너의 머리띠!"

"아, 내 머리띠! 얼마나 찾았는데……."

상미는 기쁜 나머지 울 것 같은 표정이었습니다.

"그런데 왜 네가 가지고 있어? 책상 위에 둔 것 같은데."

"응. 바닥에 떨어져 있었어. 아까 돌려주려고 했는데 마침 수업이 시작되어서 바로 못 돌려줬어."

상미는 잃어버린 물건을 다시 찾은 기쁨에 들떴습니다.

"그랬구나. 고마워. 이건 내가 제일 아끼는 물건이거든."

"미안해, 상미야. 바로 돌려주지 못해서."

"무슨 소리야. 미안해하지 마. 그리고 돌려줘서 고마워."

'아, 이렇게 좋은 것을. 왜 내가 남의 물건에 욕심을 냈지?'

은지는 잠시나마 남의 물건에 욕심을 냈던 자신이 부끄러웠습니다. 그리고 한편으로 마음이 후련했습니다. 짧은 시간이었지만 혼자서 마음 졸였던 것을 생각하며 은지는 하늘로 날아갈 듯 가벼운 기분이 되었습니다.

"생각대로 행동하는 것이 진정한 용기"
레이디 고다이버

11세기경 잉글랜드 중부 지방의 영주 레오프릭에게는 고다이버라는 젊고 아름다운 부인이 있었습니다. 천사 같은 마음씨를 가진 부인과 달리 레오프릭은 농민들에게 가혹하고 잔인했습니다. 농민들은 어려운 현실 속에서 생활했지만 레오프릭 영주는 세금을 또다시 늘리려고 했습니다.

하루하루 어렵게 생활하는 농민들의 모습을 보며 가슴이 아팠던 레이디 고다이버는 남편에게 용기를 내어 말했습니다.

"세금을 줄여 영주와 농민이 함께 살 수 있는 방법을 찾을 수 있을 거예요."

고다이버가 계속해서 간청하자 영주는 한 가지 제안을 했습니다.

"당신의 농민에 대한 사랑이 진실이라면, 그 진실을 몸으로 직접 보여 주시오. 실오라기 하나 걸치지 않은 벌거벗은 몸으로 말을 타고 나가 마을을 한 바퀴 돌고 나면 세금을 깎아 주겠소."

용기 있는 그녀에게도 나체로 거리를 돌아다니는 것은 쉽지 않은 결정이었습니다. 하지만 그녀는 남편의 제안을 받아들였습니다.

좋아요, 당신 뜻대로 하겠어요. 그 대신 당신도 약속을 지켜 주세요.

우리 모두 영주의 부인이 마을을 도는 동안 문을 걸어 잠그고 커튼을 내리기로 합시다.

이 일은 삽시간에 코벤트리 농민들 사이에 알려졌습니다. 농민들은 자신들을 위한 그녀의 어려운 결정에 보답하기로 했습니다.

그녀는 남편과의 약속대로 나체로 말을 타고 마을을 한 바퀴 돌았습니다.
레이디 고다이버의 용기 있는 행동 덕분에
농민들은 세금을
내지 않아도
되었습니다.

"쨍그렁!"

"탕! 탕! 탕!"

공장에서나 날 법한 이 소리는 열한 살 성도의 방에서 나는 소리였습니다. 어머니는 화들짝 놀라며 성도의 방으로 달려갔습니다.

"성도야, 제발 조용히 좀 해라. 또 아래층에서 올라오겠다."

어머니는 성도에게 주의를 주었지만 몇 분 지나지 않아 시끄러운 소리가 다시 들리기 시작했습니다.

"성도야, 엄마가 너 때문에 너무 힘들다. 너도 다른 아이들처럼 밖에 나가서 축구나 농구 하면서 놀면 안 되겠니? 너 때문에 우리 집 또 이사 가야 할지도 몰라."

"엄마, 난 이사 가는 것 싫어. 여기가 좋단 말이야. 오빠만 다른 곳으로 보내 버려."

동생 성은이가 투정을 부렸습니다.

성도네 식구는 한 달 전에 이곳 아파트로 이사를 왔습니다. 아파트는 지은 지 얼마 되지 않아 깨끗했고, 편의 시설이 많아 살기 좋았습니다. 더욱이 바로 옆에 학교가 있어서 예전보다 아침잠도 오래 잘 수 있었습니다.

예전 학교에서 성도의 별명은 고물 장수였습니다. 고물 장수라는 별명이 붙은 것은 쇠붙이나 깡통, 병뚜껑 들을 주워 모으는 성도의 행동 때문이었습니다. 주택이었던 성도네 집 뒤편은 성도가 모아 놓은 잡다한 것들이 가득해 꼭 고물상 같았습니다.

성도는 또래의 아이들과 달랐습니다. 운동장에서 노는 것보다 혼자서 무언가 만드는 것을 좋아했습니다. 매일 두드리고 부수고 붙이는 것이 일이었지만 그렇다고 해서 근사해 보이는 무언가를 만들어 내는 것도 아니었습니다. 성도가 만든 것들은 대부분 괴상하고 이상한 모양을 하고 있었습니다. 친구들은 그런 성도를 놀려 댔습니다.

"어이, 고물 장수. 오면서 좋은 물건 봤는데 주워다 줄까?"

"이 병뚜껑, 버릴 건데 너 줄까?"

사실 성도 부모님이 이사를 결정한 것도 놀림을 당하는 성도와 성은이 때문이었습니다. 아이들은 동생 성은이까지 놀리기 시작했습니다.

"야, 고물 장수 동생!"

"너희 아빠는 고물상 하시지?"

성은이가 울면서 집에 오는 날이 많아지자 부모님은 결국 이사를 결정했습니다. 아파트로 이사하면 이것저것 주워 모으는 성도의 버릇도 고쳐질 것이라 생각했던 것입니다. 그러나 성도는 달라지지 않았습니다. 여전히 물건들을 방안 가득 쌓아 놓았고 망치 소

리도 여전했습니다.

　그러던 어느 날, 참다 못한 아래층 아주머니가 성도네 집으로 찾아왔습니다.

　"우리도 아이들이 있어 웬만하면 참겠는데 이건 도저히 견딜 수가 없어요. 시도 때도 없이 이러면 어떻게 살겠어요?"

　"죄송해요. 주의할게요."

　엄마는 미안하다는 말을 계속했고, 주의를 주겠다는 다짐도 했습니다. 그러나 여러 번 이런 일이 계속되자 엄마와 아빠는 다짜고짜 성도 방으로 들어가 물건들을 박스에 담아 내버렸습니다.

　그날부터 성도는 기운이 없었습니다. 밥도 제대로 먹지 않고 TV를 보지도 않고 그저 컴퓨터 앞에만 앉아 있을 뿐이었습니다. 걱정이 된 엄마가 성도를 달랬습니다.

　"성도야. 밖에 한번 나가 봐. 농구장에 애들 많이 있더라. 우리 농구공 하나 사러 갈까?"

　"싫어."

　"그럼?"

　"난 로봇이 좋아."

　"성도야, 그것 말고 다른 건 안 되겠니? 네가 취미를 붙일 만한 다른 일이 있었으면 좋겠다."

"엄마, 소리 나지 않게 조용히 하고 낮에만 잠깐 할게요. 정말로 그렇게 할게요."

"그럼, 이번이 마지막이야. 조용히 하겠다고 약속하는 거다."

"네, 엄마."

성도는 또다시 만들기에 몰두했습니다.

어느 날, 대학생인 사촌 형 성민이가 성도네 집에 놀러 왔습니다. 엄마는 성도의 괴짜 버릇을 설명하고, 취미를 붙일 만한 다른 것이 없을까 상의를 했습니다. 성민이는 성도와 이야기를 해 보겠다면서 성도 방으로 들어갔습니다. 잠시 후 성민이가 놀란 눈으로 방에서 나왔습니다.

"성도는 아주 뛰어난 재주를 가졌어요. 초등학생이 어떻게 이런 것을 만들 수 있는지 신기해요."

성민의 손에는 성도가 만들었다는 알 수 없는 물체가 들려 있었습니다.

"내 눈에는 고물덩어리로밖에 보이지 않는데? 그게 뭐 대단하다고 난리냐?"

"아니에요. 이건 로봇이에요."

"얼굴도 없고 손도, 발도 없는데 무슨 로봇이야?"

"모든 로봇이 손과 발이 있는 건 아니에요. 저도 고등학교 때부터 로봇을 만들었잖아요. 대회에 나가 상도 받고요."

성민이는 아무에게도 배우지 않고 이만한 로봇을 만드는 것은 아무나 할 수 있는 일이 아니라고 이야기했습니다. 그리고 성도에게 특별한 재주가 있다고 거듭 강조했습니다.

"제게 맡겨 주세요. 머지않아 성도가 완전한 로봇을 만드는 날이 올 거예요. 성도의 명령에 따라 움직이는 로봇이 전투도 하고, 춤도 추게 될 거예요."

그날 이후 성도는 사촌 형과 많은 시간을 보냈습니다. 그리고 얼마 후 열린 로봇 대전에 참가 신청을 했습니다. 로봇 대전은 아침부터 열렸습니다. 대회에 참석한 사람들은 모두 성도보다 나이가 많았습니다. 고등학교에 다니는 형들도 있었습니다. 성도는 꼬박 세 시간에 걸쳐 다리가 여섯 개 달린 거미 모양의 걷는 로봇을 만들었습니다. "앞으로 가. 오른쪽으로 가. 왼쪽으로 가. 계단을 올라가." 등 필요한 명령어도 입력시켰습니다.

잠시 후 성도가 로봇을 작동할 시간이 되었습니다.

"앞으로 가!"

로봇이 움직이기 시작했습니다. 성도는 뛸 듯이 기뻤습니다. 로봇 대전에 처음 출전하는 것이라 얼마나 초조하고 불안하던지 지난밤에 로봇이 움직이지 않는 꿈까지 꿀 정도였으니까요.

그날 성도는 동상을 수상했습니다. 입상자 중에 초등학생은 성도밖에 없었습니다. 같이 경쟁했던 고등학교에 다니는 형들이 성도를 칭찬했습니다.

"와, 대단한 걸. 초등학생이 동상을 받다니. 게다가 넌 첫 출전이라면서?"

형들의 칭찬에 성도 얼굴이 밝아졌습니다. 엄마는 눈물을 글썽거렸습니다.

"성도야, 엄마가 너무 기뻐서 눈물이 나올 것 같다. 그리고 너에게 얼마나 미안한지 몰라. 우리 아들 실력을 몰라본 엄마를 용서하렴."

엄마는 앞으로 성도의 후원자가 되어 주기로 약속했습니다. 게다가 성도에게는 커다란 변화가 생겼습니다. 성도를 놀리던 아이들이 앞다투어 성도와 친구가 되고 싶어했습니다. 아이들은 이제 성도의 창의력을 특별한 장점으로 이해하게 되었습니다.

허영심 탈출하기

스타가 되고 싶어

TV에 나오는 연예인들은 정말 멋져 보여요.

예쁘고 날씬하고 인기도 많으니까요.

우리 반에는 나 말고도 연예인이 되고 싶어하는 애들이 많아요. 엄마들이 더 적극적인 친구들도 있어요.

연예인처럼 멋지고 화려한 직업은 없는 것 같아요.

나도 크면 연예인이 되고 싶어요.

리애는 학교에 갔다 오자마자 컴퓨터부터 켰습니다. 오늘 학교에서 친구들에게 보여 준 힙합 댄스의 반응이 별로였기 때문입니다.

"내가 보기엔 춤이 좀 엉성해."

"진짜 가수가 보면 웃겠어. 하하."

자존심 상한 리애는 힙합 댄스를 좀 더 완벽하게 연습해야겠다고 마음먹었습니다.

리애는 힙합 그룹의 댄스 동영상을 따라하기 시작했습니다. 볼륨을 높인 탓에 음악은 거실까지 들렸습니다.

리애는 춤을 추다 보니 마치 자신이 스타가 된 듯한 기분이었습니다. 하지만 잠시 후 방문이 열리더니 엄마가 들어왔습니다.

"엄마가 학교 갔다 오면 숙제부터 하라고 했지?"

"알았어. 조금 이따 할 거란 말이야."

"지금 당장 끄지 않으면 컴퓨터 치워 버릴 줄 알아!"

"알았다니까."

리애는 하는 수 없이 컴퓨터를 껐습니다.

'에이, 뭐야? 춤 연습해야 하는데…….'

다음 날 리애가 학교에서 돌아왔을 때 엄마는 여행용 가방에다 짐을 챙기고 있었습니다.

리애가 물었습니다.

"엄마, 어디 가?"

"응, 엄마가 활동하는 봉사 단체에서 내일 시골 마을로 의료 봉사를 가기로 했어. 아빠도 같이 갈 거야."

"정말?"

리애는 엄마가 안 계시면 마음껏 춤 연습을 할 수 있겠다는 생각에 기뻤습니다. 하지만 그때 엄마가 물었습니다.

"아참, 내일 노는 토요일이지?"

"응. 그런데 왜?"

"잘 됐네. 내일 엄마랑 같이 가자."

"싫어. 숙제도 해야 하고."

"학교 공부도 중요하지만 사람들과 함께 땀 흘려 봉사하는 것도 좋은 공부야."

엄마는 덧붙여 말했습니다.

"내일 아침 8시에 시청 앞에서 버스가 출발하니까 그렇게 알고 있어."

"뭐든지 엄마 맘대로야."

리애는 의견을 묻지도 않고 일방적으로 결정해 버린 엄마가 미웠습니다.

다음날 리애는 부모님을 따라 시청으로 갔습니다. 시청 앞에는 관광버스가 서 있었습니다. 사람들은 저마다 간편한 복장을 하고 얼굴에는 환한 미소를 띠고 있었습니다.

'고생하러 가면서 다들 뭐가 좋아서 웃고 난리야?'

리애는 사람들을 도저히 이해할 수 없었습니다.

버스에서 내린 리애는 깜짝 놀랐습니다. 먼저 도착한 사람들이 많았기 때문입니다.

아빠는 사람들과 함께 주민들에게 필요한 약과 생활용품을 나누어 주기 시작했습니다. 리애도 엄마를 도와 식사를 하러 온 사람들에게 음식을 나누어 주었습니다. 사람들은 끝도 없이 리애가 있는 곳으로 몰려들었습니다. 어느새 이마에는 땀이 송골송골 맺혔습니다. 하지만 리애는 일하는 것이 즐겁게 느껴졌습니다.

사람들 가운데서 흰 가운을 입은 나이 많은 아줌마의 모습이 눈에 띄었습니다. 아줌마는 청진기를 들고 사람들을 하나하나 진료하고 있었습니다. 아줌마 뒤로는 진료를 받으려고 차례를 기다리는 사람들이 길게 줄지어 서 있었습니다. 사람들은 아줌마를 선생님이라 부르며 따랐고, 아줌마는 진료하는 내내 웃음을 잃지 않았습니다.

리애는 엄마에게 물었습니다.

"엄마, 저 아줌마 누구야?"

"고마운 의사 선생님이셔."
리애는 의아한 표정을 지었습니다.
"의사 선생님?"

"응, 엄마가 있는 봉사 단체에서 이십 년째 무료 진료를 하는 분이야."

"그렇구나."

"선생님은 오래전에 뺑소니 교통사고로 남편을 잃고, 그때부터 평소 어려운 사람들을 도왔던 아저씨의 뜻을 따라 봉사 활동을 시작하셨대."

리애는 자신도 모르게 마음이 숙연해졌습니다.

'나도 저 아줌마처럼 사람들에게 꼭 필요한 도움을 주는 사람이 되고 싶어.'

봉사 활동은 저녁이 되어서야 끝이 났습니다. 사람들은 하나둘 빠져나가기 시작했습니다. 리애도 부모님과 함께 버스를 타기 위해 서 있었습니다.

그때 누군가 리애에게 다가왔습니다. 아까 본 의사 선생님이었습니다.

"꼬마 아가씨가 대단하네. 좋은 일도 하고."

리애는 수줍어서 얼굴이 빨개졌습니다.

"꼬마 아가씨는 이다음에 커서 뭐가 되고 싶어?"

리애는 잠시 머뭇거렸습니다. 그동안 TV에 나오는 연예인을 닮고 싶다는 생각은 했지만, 꿈에 대해서 생각해 본 적은 없었기 때문입니다. 잠시 고민하던 리애는 자신 있게 대답했습니다.

"의사가 되고 싶어요."

아줌마는 환한 얼굴로 물었습니다.

"왜 의사가 되고 싶은지 물어봐도 되겠니?"

"그게, 저, 아줌마처럼 도움이 필요한 사람들에게 봉사하고 싶어서요."

아줌마는 리애의 이마를 쓰다듬으며 말했습니다.

"정말 기특하구나. 분명 꿈을 이룰 수 있을 거야."

리애는 버스를 타고 오면서 엄마에게 나지막하게 말했습니다.

"엄마, 나 앞으로 봉사 활동 계속 하고 싶어."

"오늘 아침까지는 오기 싫다고 하더니, 왜 생각이 바뀌었을까? 호호."

"몰라, 그냥."

"우리 딸 철들었네."

리애는 버스를 타고 오면서 마음속으로 다짐했습니다.

'나도 커서 아줌마처럼 훌륭한 일을 하는 사람이 될 거야.'

"내 삶을 이끌어 준 진정한 멘토"
피겨 요정 김연아

'겨울 소녀', '은반 위의 요정', '피겨 요정' 김연아. 그녀는 피겨의 불모지와 같은 우리나라에서뿐만 아니라 세계 무대에 당당하게 자신의 이름을 알렸습니다.

김연아와 피겨 스케이팅의 인연은 일곱 살 여름에 시작되었습니다. 집에서 가까운 시민 회관에 실내 스케이트장이 생기자 부모님은 연아 자매에게 스케이트를 가르치기로 했습니다.

어느 날 어머니가 사 준 피겨 선수들의 비디오테이프를 보던 김연아는 그 중 한 선수에게 시선이 고정되었습니다. **여자 피겨 스케이팅의 전설로 불리는 미셸 콴**이었습니다. 그 후로 미셸 콴은 김연아의 멘토가 되었습니다.

중국계 미국 피겨 선수인 미셸 콴은 열네 살 때 세계주니어대회를 제패했고, 1996년 세계선수권대회를 시작으로 2003년까지 세계대회 5회 우승, 전미대회 9번 우승의 기록을 세워 세계를 깜짝 놀라게 했습니다.

김연아는 미셸 콴을 닮기 위해 노력했고, 2006년 세계주니어피겨선수권대회 1위에 이어 마침내 2009년 세계피겨선수권대회 1위에 올라 세계인의 이목을 집중시켰습니다.

김연아는 한 장학금 전달식에서 이렇게 말했습니다.
"저는 여덟 살 때 미셸 콴의 모습을 보고 피겨 선수의 꿈을 키웠습니다. 몇 번이고 좌절할 때마다 미셸 콴의 연기를 보고 감동했던 기억을 떠올렸습니다."
미셸 콴은 김연아의 재능을 활짝 꽃피우도록 이끌어 준 진정한 멘토였습니다.

수업을 마치는 종이 울렸습니다. 선생님은 칠판에 이번 주 숙제를 내 주었습니다.

'호감 가는 친구 관찰한 후 이유 알아오기.'

선생님은 어리둥절한 표정을 짓고 있는 아이들에게 말했습니다.

"각자에게 호감이 가는 친구가 있을 거예요. 그 친구를 관찰해서 호감이 가는 이유를 찾아오는 것이 숙제예요."

선생님은 이어서 말했습니다.

"호감이 가는 이유를 찾기 위해선 관심을 갖고 친구를 자세히 살펴봐야 해요. 이번 숙제는 친구의 장점을 배울 수 있는 좋은 기회가 될 거예요."

세희는 평소 친하게 지내는 주리를 관찰하기로 했습니다. 주리와 함께 있으면 왠지 모르게 기분이 좋았습니다.

'난 주리에게서 호감 가는 이유를 찾아야지.'

세희는 교실을 빠져나가는 주리를 뒤따라갔습니다.

"주리야, 같이 가!"

둘은 학교에서 있었던 얘기를 나누며 함께 걸었습니다. 세희는 길을 걸으면서 내내 주리를 관찰했습니다.

'내가 주리에게 호감을 느끼는 이유는 무엇일까?'

아무리 생각해도 이유를 알 수 없었습니다.

갑자기 주리가 공중전화 부스로 다가갔습니다. 공중전화의 수화기가 아래로 축 늘어져 매달려 있었습니다. 주리는 수화기를 바로 놓고는 세희에게 멋쩍은 표정을 지었습니다. 세희도 주리를 보고 씽긋 웃었습니다.

어느덧 둘은 사거리 앞에 있는 약국에 다다랐습니다. 주리가 세희에게 먼저 인사를 건넸습니다.

"세희야, 잘 가. 내일 학교에서 보자."

"응. 너도 잘 가."

세희는 신호등의 파란불이 바뀌기 전에 얼른 건너편으로 뛰었습니다. 그때 길 건너편의 주리가 길가에 떨어져 있는 빈 캔과 과자 봉지를 줍는 것을 보았습니다. 주리는 주운 쓰레기를 근처에 있는 쓰레기통에 버렸습니다.

'나 같으면 그냥 갈 텐데, 귀찮지도 않나 보네.'

다음 날 세희와 주리는 점심시간에 도서관에 함께 갔습니다.

세희는 〈강아지똥〉을, 주리는 〈나쁜 어린이 표〉를 읽었습니다.

세희는 책을 읽으면서 손에 침을 묻혀 페이지를 넘겼습니다. 그런 세희를 보며 주리가 말했습니다.

"세희야, 그렇게 침을 묻히면 어떡해?"

"왜?"

"그러면 책이 지저분해지잖아. 다른 애들이 보면 기분 나쁠것 같아."

"아, 알았어."

주리 말을 듣고 세희는 전에 빌렸던 책 생각이 났습니다. 며칠을 기다려 도서관에서 책을 빌렸는데 결말 부분이 몇 장 찢겨져 나가고 없었습니다. 그래서 결국 그 책을 읽은 다른 아이에게 이야기를 들어야했습니다.

세희는 책을 조용히 넘기는 주리를 보며 주리 말이 맞다고 생각했습니다.

도서관에서 나온 세희와 주리는 시내에 있는 서점에 가기로 했습니다. 둘은 플랫폼에서 지하철을 기다렸습니다. 지하철이 곧 도착한다는 안내 방송이 나오자 사람들이 우르르 몰렸고 줄이 흐트러졌습니다.

사람들 간에 사소한 말싸움이 일어났습니다.

"막무가내로 밀면 어떡해요?"

"일부러 그런 게 아니잖아요. 뒤에서 미니까 어쩔 수 없다고요."

잠시 후 지하철이 도착했습니다. 빈 자리에 먼저 앉기 위해 사람들이 내리기도 전에 타려고 야단이었습니다.

지하철로 서점까지는 꽤 멀었습니다. 세희는 자리가 없을까 봐

은근히 불안해졌습니다.

　세희가 주리의 팔을 잡아당기며 말했습니다.

　"주리야, 우리도 빨리 타자."

　주리가 미소 지으며 말했습니다.

　"안 돼. 순서를 지켜야지."

　세희는 답답했지만 아무 말도 할 수 없었습니다.

　잠시 후 둘이 지하철에 탔을 때 걱정했던 것과는 달리 빈 자리가 남아 있었습니다. 주리는 남은 좌석을 보며 세희에게 말했습니다.

　"줄 서길 잘했지?"

　"정말 그렇네."

　세희는 왠지 모르게 마음이 뿌듯해졌습니다. 이제 세희는 주리에게 호감을 느끼는 이유를 알 것 같았습니다.

　집에 돌아온 세희는 숙제를 하기 위해 노트를 펼쳤습니다. 그리고 며칠 동안 주리를 관찰했던 순간을 떠올렸습니다.

　숙제를 하면서 주리에게 호감이 가는 이유를 확실히 알 수 있었습니다. 세희는 그런 좋은 친구가 곁에 있다는 생각에 마음이 뿌듯했습니다.

공공질서, 모두를 위한 약속

공공장소는 나 혼자만의 공간이 아니에요. 공공장소를 이용할 때는 지켜야 할 약속이 있답니다. 다른 사람들에게 피해를 주지 않는 것이 중요하기 때문입니다. 공공장소에서 자기 집처럼 행동하는 사람을 보면 불쾌하지 않나요? 자신의 경험을 떠올려 보세요.

1 공공질서를 지키지 않은 적이 있나요? 아래의 공공질서 가운데 어떤 것을 지키지 않았는지 골라 보세요.

- ☐ 쓰레기를 아무데나 버리지 않는다.
- ☐ 거리에 침이나 껌을 뱉지 않는다.
- ☐ 화장실에서 한 줄로 서서 기다린다.
- ☐ 새치기하지 않는다.
- ☐ 에스컬레이터에서 뛰지 않는다.
- ☐ 버스나 지하철에서 떠들지 않는다.
- ☐ 영화관에서 휴대폰을 진동이나 무음으로 한다.
- ☐ 도서관에서 다른 사람을 방해하지 않는다.
- ☐ 화장실을 깨끗이 사용한다.

2 공공질서를 지키지 않은 이유는 무엇인가요?

_____

당당한 리더십 수업

용기

'그냥 모른 척 내가 가져도 아무도 모를 거야.'

'괜히 돌려주다가 도둑으로 몰리는 건 아닐까?'

진정한 용기가 있다면 이런 두려움은 극복할 수 있습니다. 두려움의 천적이 바로 용기이기 때문입니다.

진정한 용기란, 두려움이나 유혹을 물리치고 양심에 따라 행동하는 것입니다. 따라서 용기 있는 생활을 할 때 자기 자신 뿐 아니라 사람들에게 떳떳할 수 있습니다.

창의력

창의력은 '새로운 생각을 해내는 힘', '어떤 일을 할 때, 독창적으로 목적이나 의도에 맞게 하는 것'을 뜻합니다.

창의력을 키우기 위해서는 모든 일에 의문과 호기심을 가져야 합니다. '어떻게?', '왜 그럴까?'라는 의문과 호기심을 가지고 답을 찾기 위해 노력해 보세요. 자연스럽게 창의력이 자라게 될 것입니다.

여러분, 남과 다른 생각을 하는 비결, 창의력을 계발하기 위해 노력하세요. 창의력을 계발할수록 자신이 가지고 있는 잠재력을 더 많이 활용할 수 있을 것입니다.

멘토

'멘토'라는 말은 그리스 신화에서 시작되었습니다. 고대 그리스 왕 오디세우스가 트로이 전쟁을 떠날 때 자신의 아들을 한 친구에게 보살펴 달라고 맡겼는데, 그 친구의 이름이 바로 '멘토'였습니다. 그는 오디세우스의 아들에게 훌륭한 스승이 되어 조언하고 이끌어 주었습니다.

멘토는 인생의 길잡이와 같습니다. 자신의 분야에서 최고가 되고 싶다면 반드시 멘토를 찾는 노력을 기울여야 합니다. 멘토를 본받아 노력하면 자신의 꿈에 한 걸음씩 다가갈 수 있답니다.

공공질서

'공공질서'는 반드시 지켜야 할 규칙입니다. 공공질서를 지키지 않으면 다른 사람들에게 피해를 주게 됩니다. 영화를 볼 때 큰 소리로 떠드는 사람, 버스나 지하철 등 대중교통을 이용할 때 새치기를 하는 사람, 박물관이나 전시관에서 시끄럽게 통화하는 사람……. 이외에도 주위에서 쉽게 찾아볼 수 있지요.

공공질서는 다른 사람들과 더불어 살기 위해서 반드시 지켜야 하는 약속입니다. 다른 사람을 탓하기 전에 나부터 노력한다면 세상은 좀 더 편하고 좋은 곳이 될 것입니다.